러시아어 토르플 공식 문제집

2단계 ①

러시아어 토르플 공식 문제집
2단계 ①

초판 1쇄 2013년 11월 11일
초판 3쇄 2020년 08월 31일

지은이 Андрюшина Н.П., Макова М.Н.
해설 김주하

펴낸이 김선명
펴낸곳 뿌쉬긴하우스
책임편집 이은희
편집 김영실, 김성원, 박은비

주소 서울시 중구 동호로 15길 8, 리오베빌딩 3층
전화 02) 2237-9387
팩스 02) 2238-9388
홈페이지 www.pushkinhouse.co.kr

출판등록 2004년 3월1일 제2004-0004호
ISBN 978-89-92272-37-7 13790

© ЗАО «Златоуст», 2008
Настоящее издание осуществлено по лицензии, полученной от ЗАО «Златоуст»
© 2013 Pushkin House

이 책의 한국어판 저작권은 «Златоуст» 출판사와 독점 계약한 뿌쉬긴하우스에 있습니다.
저작권법에 의해 한국 내에서 보호를 받는 저작물이므로 무단 전재와 무단 복제를 금합니다.

※ 잘못된 책은 바꿔 드립니다.

※ 스마트폰을 통해 QR코드를 스캔하면 듣기·말하기 영역 MP3 파일을 바로 청취할 수 있습니다.

목차

토르플 길라잡이 _6

1부 테스트

Субтест 1.   ЛЕКСИКА. ГРАММАТИКА 어휘, 문법 영역   _11

Субтест 2.   ЧТЕНИЕ 읽기 영역   _31

Субтест 3.   АУДИРОВАНИЕ 듣기 영역   _40

Субтест 4.   ПИСЬМО 쓰기 영역   _46

Субтест 5.   ГОВОРЕНИЕ 말하기 영역   _49

2부 정답 및 문제해설

정답   _55

Субтест 1.   ЛЕКСИКА. ГРАММАТИКА 어휘, 문법 영역   _61

Субтест 2.   ЧТЕНИЕ 읽기 영역   _97

Субтест 3.   АУДИРОВАНИЕ 듣기 영역   _107

Субтест 4.   ПИСЬМО 쓰기 영역   _123

Субтест 5.   ГОВОРЕНИЕ 말하기 영역   _129

첨부: 답안지 МАТРИЦА   _139

토르플 길라잡이

1. 토르플 시험이란?

토르플(TORFL)은 'Test of Russian as a Foreign Language'의 약자로 러시아 교육부 산하기관인 '러시아어 토르플 센터'에서 주관하는 외국인 대상 러시아어 능력 시험이다. 기초 단계에서 4단계까지 총 여섯 단계로 나뉘어 있으며 시험 과목은 어휘·문법, 읽기, 듣기, 쓰기, 말하기의 다섯 영역으로 구성되어 있다. 현재 토르플은 러시아 내 대학교의 입학 시험, 국내 기업체, 연구소, 언론사 등에서 신입사원 채용 시험 및 직원들의 러시아어 실력 평가를 위한 방법으로 채택되고 있다.

2. 토르플 시험 단계

토르플 시험은 기초단계, 기본단계, 1단계, 2단계, 3단계, 4단계로 나뉘어 있다.

- 기초단계 (элементарный уровень)
  일상생활에서 필요한 최소한의 러시아어 구사가 가능한 가장 기초 단계이다.

- 기본단계 (базовый уровень)
  일상생활에서 필요한 기본적인 의사 소통이 가능한 단계이다.

- 1단계 (I сертификационный уровень)
  일상생활에서의 자유로운 의사소통뿐만 아니라, 사회, 문화, 역사 등의 분야에서 러시아인과 대화가 가능한 공인단계이다. 러시아 대학에 입학하기 위해서는 1단계 인증서가 필요하며, 국내에서는 러시아어문계열 대학졸업시험이나 기업체의 채용 및 사원 평가 기준으로도 채택되고 있다.

- 2단계 (II сертификационный уровень)
  원어민과의 자유로운 대화뿐만 아니라, 문화, 예술, 자연과학, 공학 등 전문 분야에서도 충분히 의사소통이 가능한 공인단계이다. 2단계 인증서는 러시아 대학의 비어문계 학사 학위 취득을 위한 요건이며 석사 입학을 위한 자격 요건이기도 하다. 1단계와 마찬가지로 국내에서는 러시아어문계열 대학졸업시험이나 기업체의 채용 및 사원 평가 기준으로도 채택되고 있다.

- 3단계 (III сертификационный уровень)
  사회 전 분야에 걸쳐 고급 수준의 의사소통 능력을 지니고 있어 러시아어로 전문적인 활동이 가능한 공인단계이다. 러시아 대학의 비어문계열 석사와 러시아어문학부 학사 학위를 취득하기 위해서 3단계 인증서가 필요하다.

- 4단계 (IV сертификационный уровень)
  원어민에 가까운 러시아어 구사 능력을 지니고 있는 가장 높은 공인단계로, 이 단계의 인증서를

획득하면 러시아어문계열의 모든 교육과 연구 활동이 가능하다. 4단계 인증서는 러시아어문학부 석사, 비어문계열 박사, 러시아어 교육학 박사 등의 학위를 취득하기 위한 요건이다.

3. 토르플의 시험영역

토르플 시험은 어휘·문법, 읽기, 듣기, 쓰기, 말하기의 다섯 영역으로 구성되어 있다.

· 어휘·문법 영역 (ЛЕКСИКА. ГРАММАТИКА)
  객관식 필기 시험으로 어휘와 문법을 평가한다. (*사전 이용 불가)

· 읽기 영역 (ЧТЕНИЕ)
  객관식 필기 시험으로 주어진 본문과 문제를 통해 독해 능력을 평가한다. (*사전 이용 가능)

· 듣기 영역 (АУДИРОВАНИЕ)
  객관식 필기 시험으로 들려 주는 본문과 문제를 통해 이해 능력을 평가한다. (*사전 이용 불가)

· 쓰기 영역 (ПИСЬМО)
  주관식 필기 시험으로 주제에 알맞은 작문 능력을 평가한다. (*사전 이용 가능)

· 말하기 영역 (ГОВОРЕНИЕ)
  주관식 구술 시험으로 주어진 상황에 적합한 말하기 능력을 평가한다. (*사전 이용이 가능한 문제도 있음)

4. 토르플 시험의 영역별 시간

구분	기초 단계	기본 단계	1단계	2단계	3단계	4단계
어휘·문법 영역	50분	50분	60분	90분	90분	60분
읽기 영역	50분	50분	50분	60분	60분	60분
듣기 영역	30분	30분	35분	35분	35분	45분
쓰기 영역	40분	50분	60분	55분	75분	80분
말하기 영역	25분	40분	60분	45분	45분	50분

5. 토르플 시험의 영역별 만점

구분	기초 단계	기본 단계	1단계	2단계	3단계	4단계
어휘·문법 영역	100	110	165	150	100	141
읽기 영역	120	180	140	150	150	136
듣기 영역	100	180	120	150	150	150
쓰기 영역	80	80	80	65	100	95
말하기 영역	130	180	170	145	150	165
총 점수	530	730	675	660	650	687

6. 토르플 시험의 합격 점수

구 분	기초 단계	기본 단계	1단계	2단계	3단계	4단계
어휘·문법 영역	75–100점 (75%이상)	82–110점 (75%이상)	109–165점 (66%이상)	99–150점 (66%이상)	66–100점 (66%이상)	93–141점 (66%이상)
읽기 영역	90–120점 (75%이상)	135–180점 (75%이상)	92–140점 (66%이상)	99–150점 (66%이상)	99–150점 (66%이상)	89–136점 (66%이상)
듣기 영역	75–100점 (75%이상)	135–180점 (75%이상)	79–120점 (66%이상)	99–150점 (66%이상)	99–150점 (66%이상)	99–150점 (66%이상)
쓰기 영역	60–80점 (75%이상)	60–80점 (75%이상)	53–80점 (66%이상)	43–65점 (66%이상)	66–100점 (66%이상)	63–95점 (66%이상)
말하기 영역	98–130점 (75%이상)	135–180점 (75%이상)	112–170점 (66%이상)	96–145점 (66%이상)	99–150점 (66%이상)	108–165점 (66%이상)

"본 교재에 수록된 본문의 한국어 해석은 학습 교재임을 감안하여 가급적 직역으로 수록하였습니다."

1부 테스트

Субтест 1. ЛЕКСИКА. ГРАММАТИКА

Инструкция к выполнению теста

- Время выполнения теста — 90 минут.
- Тест состоит из 4 частей и включает 150 позиций.
- При выполнении теста пользоваться словарём нельзя.
- В тесте слева даны предложения (1, 2, 3 и т.д.), а справа — варианты выбора.
- Выберите правильный вариант и отметьте соответствующую букву в матрице.

Например:

| А | (Б) | В | Г |

(Б — правильный вариант).

Если Вы ошиблись и хотите исправить ошибку, сделайте так:

| А | (Б) | (⊗В) | Г |

(В — ошибка, Б — правильный вариант).

ЧАСТЬ 1

Задание 1. Выберите правильный вариант ответа.

1. Андрей решил уйти с работы и написал заявление _____ .	(А) для ухода (Б) об уходе (В) по уходу (Г) на уход
2. Памятник был необычным, и мы обошли _____ него.	(А) вокруг (Б) около (В) вдоль (Г) мимо

3. Николай должен сделать эту работу _____ месяца.	(А) около (Б) после (В) по мере (Г) в течение
4. Осенью крестьянам приходится _____ работать, чтобы убрать урожай.	(А) очень (Б) сильно (В) много (Г) безгранично
5. Анна очень _____ съездила на рынок: купила всё, что планировала.	(А) счастливо (Б) удобно (В) удачно (Г) благополучно
6. Володя очень старался, но все его усилия имели _____ результат.	(А) плачевный (Б) плаксивый (В) плачущий (Г) заплаканный
7. Эти страны уже давно установили _____ отношения.	(А) дипломированные (Б) дипломатичные (В) дипломные (Г) дипломатические
8. В этом банке очень _____ условия кредита.	(А) выгодные (Б) пригодные (В) высокие (Г) льготные
9. Этот фильм произвёл на всех _____ впечатление.	(А) неповторимое (Б) забытое (В) неограниченное (Г) эмоциональное
10. Как хорошо, что я купил билеты на _____ поезд!	(А) быстрый (Б) скорый (В) срочный (Г) скоростной

11. Эти _____ нужно выполнить к концу месяца.	(А) примеры (Б) проблемы (В) задания (Г) занятия
12. Он не сможет тебе помочь, у него слишком мало _____ в таких делах.	(А) информации (Б) опыта (В) опытов (Г) поступков
13. За улучшение экологии выступает _____ города.	(А) общество (Б) общность (В) общительность (Г) общественность
14. Мы полгода занимались _____ нашей маленькой квартиры на большую.	(А) разменом (Б) обменом (В) переменой (Г) заменой
15. Вчера в Российском посольстве прошли важные _____ .	(А) беседы (Б) обсуждения (В) переговоры (Г) договоры
16. Извини, мне надо вернуться: я забыл _____ в машине.	(А) кое-что (Б) кое-как (В) что-нибудь (Г) кое-какой
17. Илье было всё равно, что читать в поезде, и он купил _____ газеты.	(А) кое-какие (Б) какие-нибудь (В) какие-то (Г) сколько-нибудь
18. Весь отпуск сестра _____ на даче.	(А) побывала (Б) побыла (В) прибыла (Г) пробыла

19. В вашей работе много недостатков, придётся её _____ .	(А) проделать (Б) сделать (В) доделать (Г) переделать
20. Вот бланк, _____ сюда свою фамилию.	(А) впишите (Б) перепишите (В) запишите (Г) спишите
21. Мой брат _____ прекрасными способностями.	(А) владеет (Б) обладает (В) имеет (Г) может
22. Почему Ирина всегда _____ в тёмном?	(А) ходит (Б) носит (В) идёт (Г) несёт
23. Ребёнок с трудом _____ в гору тяжёлые санки.	(А) вёл (Б) катил (В) тащил (Г) лез
24. Каждый должен _____ ответственность за свои поступки.	(А) тащить (Б) нести (В) вести (Г) носить
25. Мне не нравится этот мужчина: у него глаза _____ .	(А) ходят (Б) лезут (В) бегут (Г) бегают
26. Павел Иванович старается не _____ не в своё дело.	(А) ходить (Б) лезть (В) лазить (Г) идти

27. Из-под стола _____ котёнок и посмотрел на нас.	(А) перелез (Б) вылез (В) ушёл (Г) перебежал
28. Завтра мы решили _____ вещи на дачу.	(А) внести (Б) переехать (В) перевести (Г) перевезти
29. Было поздно, и мама _____ ребёнка домой.	(А) увела (Б) довела (В) уводила (Г) ввела
30. Вечером Аня очень устаёт: много сил _____ на домашнее хозяйство.	(А) переходит (Б) проходит (В) уходит (Г) выходит
31. В этом году мы _____ свой отпуск на октябрь.	(А) перевели (Б) привели (В) перенесли (Г) отнесли
32. Артём — сдержанный человек, но пробки на дорогах _____ его из себя.	(А) уводят (Б) выносят (В) отводят (Г) выводят

ЧАСТЬ 2

Задание 2. Выберите правильный вариант ответа.

33. Накануне _____ мы привыкли готовить подарки.	(А) Рождества (Б) Рождеству (В) Рождеством (Г) Рождество

34. Не понимаю, _____ ты рассчитывал, когда тратил эти деньги.	(А) к чему (Б) на что (В) чем (Г) о чём
35. Вы не знаете, где стоит поезд _____ ?	(А) Костромы (Б) в Костроме (В) на Кострому (Г) к Костроме
36. Извините, я написала это _____ .	(А) ошибкой (Б) по ошибке (В) от ошибки (Г) из-за ошибки
37. Оля приехала в Москву _____ образования.	(А) к продолжению (Б) продолжением (В) на продолжение (Г) для продолжения
38. Вчера в гостях мы поссорились _____ .	(А) из-за тебя (Б) тобой (В) у тебя (Г) о тебе
39. Среди _____ Виктор чувствовал себя одиноко.	(А) праздничной толпе (Б) праздничную толпу (В) праздничной толпой (Г) праздничной толпы
40. Извините, я спешу: не хочу пропускать _____ сериала.	(А) последнюю серию (Б) с последней серией (В) к последней серии (Г) в последней серии
41. Мы не ожидали, что в такое время попадём _____ .	(А) большой пробке (Б) в большой пробке (В) в большую пробку (Г) с большой пробкой

42. Было интересно прочитать о взглядах учёных _____ страны.	(А) на экономическое развитие (Б) экономического развития (В) экономическому развитию (Г) об экономическом развитии
43. В гостинице нам дали отличный номер: из окна открывается _____ .	(А) к потрясающему виду (Б) с потрясающим видом (В) потрясающий вид (Г) потрясающего вида
44. Жизнь превратила робкого юношу _____ .	(А) до настоящего мужчины (Б) в настоящего мужчину (В) настоящему мужчине (Г) настоящим мужчиной
45. Молодых девушек очень волнует _____ .	(А) о красивой внешности (Б) с красивой внешностью (В) красивую внешность (Г) красивая внешность
46. Какой талантливый режиссёр! Мы все восхищаемся _____ .	(А) его последнему фильму (Б) его последним фильмом (В) его последнего фильма (Г) на его последний фильм
47. Стыдно _____ не понимать таких простых вещей!	(А) взрослой девушке (Б) для взрослой девушки (В) взрослую девушку (Г) взрослая девушка
48. Завтра хочу обязательно посмотреть выставку _____ .	(А) дорогого белья (Б) с дорогим бельём (В) из дорогого белья (Г) о дорогом белье
49. Я давно наблюдаю _____ . Её ждёт большое будущее.	(А) эту ученицу (Б) за этой ученицей (В) с этой ученицей (Г) этой ученицы

50. Мы долго уговаривали _____ не уходить так рано.	(А) для нашего гостя (Б) с нашим гостем (В) нашему гостю (Г) нашего гостя
51. _____ потребовалось несколько дней, чтобы подняться на вершину.	(А) Этот альпинист (Б) Этого альпиниста (В) Этому альпинисту (Г) Для этого альпиниста
52. Во время спора все перешли на крик, только Борис говорил _____ .	(А) с тихим голосом (Б) о тихом голосе (В) через тихий голос (Г) тихим голосом
53. Матвей вглядывался _____ на другом берегу, но не мог понять, кто там стоит.	(А) на высокой фигуре (Б) к высокой фигуре (В) в высокую фигуру (Г) высокой фигуры
54. Мария написала мне сначала из Курска, а потом _____ .	(А) из-под Тулы (Б) под Тулой (В) на Тулу (Г) с Тулы
55. Этот журналист стал писать гораздо _____ .	(А) интересно (Б) интересным (В) интересный (Г) интереснее
56. Я совершенно не разбираюсь _____ .	(А) с современной музыкой (Б) современную музыку (В) в современной музыке (Г) для современной музыки
57. Директор попросил секретаря напомнить ему _____ .	(А) о запланированном визите (Б) к запланированному визиту (В) запланированный визит (Г) запланированного визита

58. Темнело, и Олег сел ближе _____ .	(А) у настольной лампы (Б) к настольной лампе (В) с настольной лампой (Г) настольную лампу
59. За помощью мы обратились _____ .	(А) Андрей Николаевич (Б) к Андрею Николаевичу (В) у Андрея Николаевича (Г) с Андреем Николаевичем
60. Мы так и не договорились, кто будет отвечать _____ .	(А) о принятом решении (Б) после принятого решения (В) за принятое решение (Г) принятым решением
61. Света хорошо одевается, сегодня она пришла _____ .	(А) в синем платье (Б) с синим платьем (В) синее платье (Г) синего платья
62. Мы закончили репетицию _____ до начала концерта.	(А) в десять минут (Б) на десять минут (В) за десять минут (Г) до десяти минут
63. Антон обещал позвонить _____ .	(А) через неделю (Б) после недели (В) неделей (Г) за неделю
64. Чтобы поехать за город, Максим _____ взял машину.	(А) по субботам (Б) за субботу (В) через субботу (Г) на субботу
65. Мы поедем в деревню _____ .	(А) к ранней весне (Б) пока ранняя весна (В) во время ранней весны (Г) ранней весной

66. В 5 часов _____ ещё не было: они опаздывали.	(А) гости (Б) гостей (В) гостям (Г) с гостями
67. Не надо завидовать _____ .	(А) с чужими достижениями (Б) о чужих достижениях (В) чужих достижений (Г) чужим достижениям
68. Вопреки _____ ударили сильные морозы.	(А) всем прогнозам (Б) всеми прогнозами (В) всех прогнозов (Г) все прогнозы
69. После ссоры мы с трудом восстановили _____ .	(А) с прежними отношениями (Б) к прежним отношениям (В) прежних отношений (Г) прежние отношения
70. Он стал хорошим специалистом, но не добился _____ в жизни.	(А) большие успехи (Б) большим успехам (В) больших успехов (Г) большими успехами
71. Мне не нравится, когда употребляют _____ .	(А) грубых слов (Б) грубыми словами (В) к грубым словам (Г) грубые слова
72. После спектакля мы с друзьями всегда обмениваемся _____ .	(А) своими впечатлениями (Б) свои впечатления (В) со своими впечатлениями (Г) о своих впечатлениях
73. Эти рисунки выполнены _____ .	(А) русским художникам (Б) русскими художниками (В) русских художников (Г) русские художники

74. Этого человека обвиняют _____ .	(А) о многих преступлениях (Б) многих преступлений (В) во многих преступлениях (Г) на многие преступления
75. Это давняя история, я уже не помню, с чего всё _____ .	(А) начнётся (Б) начинается (В) начнутся (Г) началось
76. На приёме в испанском посольстве _____ дипломат Максимова.	(А) присутствовал (Б) присутствовали (В) присутствовала (Г) присутствуют
77. Он _____ мне, как только мы познакомились.	(А) нравился (Б) нравится (В) понравился (Г) понравится
78. У него удивительная способность _____ выход из любой ситуации.	(А) находить (Б) находит (В) найдёт (Г) находил
79. Максим не хочет выступать на вечере, боюсь, нам его не _____ .	(А) убеждать (Б) убедить (В) убедим (Г) убеждаем
80. В этом доме давно _____ детских голосов.	(А) не слышится (Б) не слышатся (В) не слышны (Г) не слышно
81. В журнале _____ ряд статей об изменении климата.	(А) опубликованы (Б) опубликуются (В) опубликован (Г) опубликовался

82. Ветром _____ мои газеты.	(А) унёс (Б) унесло (В) унесли (Г) уносил
83. Уже поздно, боюсь, он не _____ .	(А) приходит (Б) придёт
84. Какой тяжёлый чемодан! Его невозможно _____ !	(А) поднять (Б) поднимать
85. Лена, как это часто бывает, забыла _____ суп.	(А) солить (Б) посолить
86. Моя мама никогда не _____ на книгах.	(А) экономила (Б) сэкономила
87. Ах, если бы завтра Андрей _____ меня в театр!	(А) пригласил (Б) приглашал
88. Я не могу _____ в квартиру: ключ забыла!	(А) входить (Б) войти
89. Финансирование этого проекта _____ из года в год.	(А) будет расти (Б) вырастет
90. _____ я быть похожим на него, у меня бы ничего не получилось.	(А) Реши (Б) Решай
91. Вечером идём в театр, _____ билеты!	(А) не забывай (Б) не забудь
92. _____ меня Нина заранее, я бы тоже посмотрела эту передачу.	(А) Предупреждай (Б) Предупреди
93. _____ поездку, а то погода испортится!	(А) Не отложи (Б) Не откладывай
94. _____ , используя только натуральные продукты.	(А) Эти йогурты приготавливают (Б) Эти йогурты приготовлены (В) Эти йогуртыприготавливаются (Г) Приготовление этих йогуртов

95. Сейчас часто снимают фильмы, _____ .	(А) применяется компьютерная техника (Б) применяющие компьютерную технику (В) при применении компьютерной техники (Г) применяя компьютерную технику
96. Обдумав предложение руководителя, _____ .	(А) мы изменили проект (Б) проект был изменён (В) изменился проект (Г) можно изменить проект

Задание 3. Установите синонимические соответствия между выделенными конструкциями и вариантами ответа.

97. **Опоздавшие** на самолёт пассажиры должны ждать следующего рейса.	(А) которые опаздывают (Б) которые опоздают (В) которые опоздали (Г) которые опаздывали
98. Оркестр, **который исполнял** симфонию, был очень известным.	(А) исполнивший (Б) исполнявший (В) исполненный (Г) исполняющий
99. Я обязательно посмотрю балет, **поставленный** в Детском театре.	(А) который поставят (Б) который ставили (В) который будут ставить (Г) который поставили
100. Мы получили письмо от коллег, **которых пригласили** на конференцию.	(А) приглашаемых (Б) пригласивших (В) приглашающих (Г) приглашённых

101. Я знаю хорошего художника, **который обучает** детей рисованию.	(А) обучавшего (Б) обучаемого (В) обучающего (Г) обученного
102. Сыну особенно нравится зелёный чай, **который привозят** из Китая.	(А) привозимый (Б) привозящий (В) привезённый (Г) привозивший
103. Надо строго наказывать водителей, **нарушающих правила.**	(А) которые нарушают правила (Б) которые нарушили правила (В) которые нарушали правила (Г) которые нарушат правила
104. Обидевшись, Николай не позвонил другу.	(А) когда обидится (Б) если обиделся (В) так как обиделся (Г) после того как обиделся
105. Комиссия задала много вопросов директору завода, **устанавливая** причины аварии.	(А) поэтому установила (Б) когда устанавливала (В) хотя установила (Г) после того как установила
106. Объяснив секретарю цель прихода, мы прошли в кабинет директора.	(А) В результате объяснения (Б) Хотя мы объяснили (В) При объяснении (Г) После того как объяснили

ЧАСТЬ 3

Задание 4. Выберите правильный вариант ответа.

107. Мы спросили, _____ Марк лететь самолётом.	(А) не согласится ли (Б) если согласится
108. Вместе с Таней в театр пойдут Вера и Сергей, а _____ Валя.	(А) тоже (Б) также

109. В 10 вечера мы уже спали, _____ брат спал, а я лежал и думал.	(А) а именно (Б) но всё-таки (В) то есть (Г) следовательно
110. Рядом с домом есть магазин, _____ я предпочитаю супермаркет подальше.	(А) также (Б) однако (В) да и (Г) либо
111. Марта уже несколько раз меняла день приезда: _____ во вторник хотела приехать, _____ в среду, _____ в пятницу.	(А) да… да… да (Б) или… или… или (В) либо… либо… либо (Г) то… то… то
112. Городок, _____ мы приехали, оказался довольно милым.	(А) куда (Б) откуда (В) в котором (Г) где
113. Мой сын сразу догадался, _____ должен закончиться этот детектив.	(А) каким (Б) чем (В) так (Г) о чём
114. Отец пригласил гостей, _____ отметить свой юбилей.	(А) потому что (Б) когда (В) в котором (Г) чтобы
115. Сергей, _____ выполнить просьбу брата, поехал к знакомым.	(А) для чего (Б) с тем (В) для того чтобы (Г) потому что
116. Ты должен пойти с дочерью в зоопарк, _____ обещал.	(А) когда (Б) благодаря тому что (В) хотя (Г) раз

117. Спасибо тебе, _____ я не нашёл бы такую хорошую работу.	(А) без твоего совета (Б) благодаря твоему совету (В) в случае твоего совета (Г) в результате твоего совета
118. _____ выйти из дома, я ещё раз проверила, на месте ли документы.	(А) В то время как (Б) До того как (В) Перед тем как (Г) После того как
119. Мы устроили вечеринку и танцевали, _____ пришли родители.	(А) пока не (Б) пока (В) прежде чем (Г) с тех пор как
120. Много воды утекло, _____ мы расстались.	(А) в то время как (Б) когда (В) пока (Г) с тех пор как
121. Сегодня холодно, боюсь, _____ сын не простудился.	(А) что (Б) как бы (В) если (Г) потому что
122. Невозможно представить, _____ Ольга ошиблась.	(А) как бы (Б) чтобы (В) как будто (Г) если
123. Крик был таким неожиданным, _____ все вздрогнули.	(А) как (Б) каким (В) с которым (Г) что

124. Мальчик слушал песню так внимательно, _____ сразу запомнил все слова.	(А) что (Б) чем (В) как (Г) потому что
125. Бывают такие дни, _____ чувствуешь себя не в своей тарелке.	(А) какие (Б) в какие (В) когда (Г) поэтому
126. Мы не поверили Виктору, _____ он ни старался нас убедить.	(А) хотя (Б) раз (В) как (Г) несмотря на то что
127. Несколько дней стоял густой туман, _____ все рейсы были отложены.	(А) так что (Б) постольку (В) поскольку (Г) так как
128. Нам было настолько весело, _____ мы не заметили, как пролетело время.	(А) хотя (Б) потому что (В) что (Г) как

Задание 5. Установите синонимические соответствия между выделенными конструкциями и вариантами ответа.

129. Таня взяла отпуск **по уходу за больным ребёнком**.	(А) если ребёнок был болен (Б) когда ребёнок был болен (В) пока ребёнок был болен (Г) потому что ребёнок был болен
130. **За разговорами** время всегда бежит быстро.	(А) Так как разговариваешь (Б) Когда разговариваешь (В) Хотя разговариваешь (Г) Пока разговариваешь

131. Спасатели вылетели **на помощь** терпящим бедствие.	(А) поскольку помогали (Б) для того что помочь (В) для того чтобы помогли (Г) для того чтобы помочь

ЧАСТЬ 4

Задание 6. Прочитайте текст официально-делового характера (заявление). Выберите правильный вариант ответа.

132. (А) Уважаемому господину начальнику;
(Б) Начальнику отдела продаж;
(В) Дорогому начальнику отдела продаж;
(Г) Товарищу начальнику в отдел продаж

133. (А) хлебозавода № 4 г. Воронежа;
(Б) на хлебозаводе № 4 г. Воронежа;
(В) хлебозавода № 4 в г. Воронеже;
(Г) на хлебозаводе № 4 в г. Воронеже Иванову П.П.

134. (А) от товарища старшего продавца;
(Б) от старшей продавщицы;
(В) от старшего продавца;
(Г) продавца старшего Михайловой А.В.

Заявление

135. (А) Попрошу Вас; (Б) Прошу Вас; (В) Попросила бы Вас; (Г) Очень прошу Вас 136. (А) выдать; (Б) дать; (В) разрешить; (Г) предоставить мне внеочередной отпуск 137. (А) с 5 по 19 апреля; (Б) от 5 до 19 апреля; (В) от 5 по 19 апреля; (Г) на 5 -19 апреля 138. (А) по причине семейных обстоятельств; (Б) из-за семейных обстоятельств; (В) благодаря семейным обстоятельствам; (Г) по семейным обстоятельствам.

139. (А) 2007 г., 28 марта; (Б) 28, март, 2007 г.; (В) 28 марта 2007 г.; (Г) 2007, март, 28.

140. (А) Михайлова А.В.; (Б) Заранее благодарна, Михайлова; (В) С благодарностью, А.В. Михайлова; (Г) С уважением, Михайлова А.В.

Задание 7. Прочитайте аннотацию и выберите правильный вариант ответа.

141. Книга «Я люблю этот город» является _____ изданием путеводителя «От Кремля до Садовых».	(А) перерабатывающим (Б) переработавшим (В) перерабатываемым (Г) переработанным
142. Она знакомит с памятными местами, _____ по всей Москве.	(А) располагаемыми (Б) расположенными (В) расположившимися (Г) располагающимися
143. Список памятных мест столицы _____ .	(А) неисчерпаемый (Б) неисчерпаем (В) не исчерпан (Г) неисчерпанный
144. Читатель узнает и интересные подробности, _____ с бывшими дачными местами Подмосковья.	(А) связывающие (Б) связываемые (В) связанные (Г) связавшие
145. Книга предлагает читателям много адресов писателей и адреса _____ их воображением литературных героев.	(А) создающих (Б) создаваемых (В) создавших (Г) созданных

Задание 8. Прочитайте текст, выберите варианты ответа, соответствующие *газетно-публицистическому стилю*.

Выставка «зелёная неделя»

146. В январе в Берлине _____ крупнейшая выставка «Зелёная неделя».	(А) прошла (Б) была (В) имела место (Г) случилась

147. На выставке _____ экспонаты из 53 стран мира.	(А) находились (Б) стояли (В) были представлены (Г) были выставлены
148. Открывая выставку, министр сельского хозяйства РФ _____ , что Россия показывает здесь высокие технологии.	(А) рассказал (Б) сказал (В) отметил (Г) объявил
149. На выставке российские предприятия _____ на сумму 5 млн евро.	(А) договорились (Б) заключили контракты (В) подписались (Г) согласились
150. _____ было принято решение о развитии сотрудничества.	(А) В конце (Б) Когда поговорили (В) После разговоров (Г) По итогам переговоров

Субтест 2. ЧТЕНИЕ

Инструкция к выполнению теста

- Время выполнения теста — 60 минут.
- Тест состоит из 2 частей, 3 текстов и тестовых заданий к ним.
- После того как Вы прочитаете текст и ознакомитесь с заданиями, выберите правильный вариант ответа и отметьте соответствующую букву в матрице.

Например:

(Б — правильный вариант).

Если Вы ошиблись и хотите исправить ошибку, сделайте так:

| А | Б | В | Г |

(В — ошибка, Б — правильный вариант).

При выполнении заданий части 2 можно пользоваться толковым словарём русского языка.

ЧАСТЬ I

Инструкция к выполнению заданий 1–8

- Вам предъявляется текст.
- Ваша задача – прочитать текст и **закончить предложения,** данные после текста. Выберите правильный вариант ответа и отметьте его в матрице.

Задания 1–8. Прочитайте текст 1 и предложения, которые даны после текста. Выполните задания в соответствии с инструкцией.

ТЕКСТ 1

Зарайск — один из древних городов Подмосковья, он по праву признан памятником русской культуры. Первое летописное упоминание о нём относится к 1146 году, но достоверность этой записи часто подвергается сомнению. Более достоверны результаты археологических исследований, говорящие о существовании города ко времени татаро-монгольского нашествия, то есть почти на 100 лет позднее.

История зарайской земли дошла до нас в виде археологических, архитектурных памятников, фольклорных песен, рассказов, массы легенд.

До настоящего времени старая часть Зарайска сохранила свой исторический облик. Гуляя по городу, удивляешься огромному количеству бесценных памятников русской истории. Кремль, многочисленные церкви и купеческие дома - всё это наше национальное наследие. Без этих памятников нет нашей истории, нашей культуры, нас самих. Однако удивляют не только памятники, но и их состояние. Кремль выдерживал натиски польских войск, но сейчас он не в силах защитить себя от самого страшного врага - времени. Этот древнейший памятник, исчезающий на наших глазах, внешне показывает свою мощь, но, зайдя внутрь, понимаешь ужас происходящего: стены разрушаются изнутри. Правда, сотрудники краеведческого музея всеми силами стараются сохранить облик города. Музей располагается в здании церкви, тем самым сохраняя её.

Однако в городе есть отреставрированные здания, их немного, и если вы увидите такое здание, то это либо частный магазин, либо чей-то коттедж. Ах да, ещё в центре Зарайска есть отреставрированное здание сиреневого цвета - бюро похоронных услуг.

Беседуя с местными жителями, лучше понимаешь жизнь города: население стареет, молодёжь стремится перебраться в крупные города. Количество рабочих мест сокращается, работающим людям тоже несладко: заработная плата едва переваливает прожиточный минимум. Зарайск находится в стороне от трассы, поэтому туристический бизнес там крайне неразвит.

(По материалам журнала «Наука и жизнь»)

1. Город Зарайск интересен тем, что _____ .

(А) это один из древнейших городов России

(Б) с ним связано очень много легенд

(В) он является памятником национальной культуры

2. Автор текста полагает, что Зарайск был заселён людьми _____ .

(А) ещё до десятого века

(Б) в двенадцатом веке

(В) в тринадцатом веке

3. Автора текста, приехавшего в город, удивило _____ .

(А) большое количество отреставрированных зданий

(Б) обилие домов, представляющих историческую ценность

(В) состояние, в котором находится Кремль

4. Автор считает, что сохранение памятников важно _____ .

(А) для формирования национального самосознания

(Б) для изучения отечественной истории

(В) для дальнейшего развития культуры

5. Кремль _____ .

(А) разрушается от времени

(Б) и сейчас поражает своей мощью

(В) сохраняется сотрудниками краеведческого музея

6. Автор говорит об отреставрированных зданиях _____ .

(А) с удивлением

(Б) с удовлетворением

(В) с горечью

7. Заработная плата работающих в Зарайске _____ .

(А) равна прожиточному минимуму

(Б) намного превышает прожиточный минимум

(В) немного выше прожиточного минимума

8. Туристы редко посещают этот город, поскольку _____ .

(А) исторические памятники в плохом состоянии

(Б) через город не проходят крупные дороги

(В) в Зарайске можно увидеть мало интересного

Инструкция к выполнению заданий 9–15

- Вам предъявляется текст.
- Ваша задача – прочитать текст и **закончить предложения**, данные после текста. Выберите правильный вариант ответа и отметьте его в матрице.

Задания 9–15. Прочитайте текст 2 и предложения, которые даны после текста. Выполните задания в соответствии с инструкцией.

ТЕКСТ 2

Мне нравится ходить в книжные магазины: какие богатства вокруг тебя!

На днях я решил проверить, что продают в городах невеликих, в моём родном подмосковном городе, например. Зашёл. Магазинчик совсем небольшой, всего один продавец. Народу - никого. Подбор книг отражает нынешний спрос. Половина товара - учебники, школьные пособия и всякая канцелярщина. Ещё процентов 20 - различная «полезная» литература: как солить огурцы, как похудеть. Далее - русская классика, нужная школьникам, причём отлично изданная. Далее литература современная, представленная убого двумя дамами: Толстой и Улицкой. Но были и Шукшин, и Белов.

Было чему порадоваться и юному читателю: Конан Дойль, Дюма, книги Ивана Ефремова. Мне бы тридцать лет назад в такой магазин!

И вот, наконец, попалась мне в руки книжка некоего современного автора под названием «Третье дыхание». И пришло мне в голову, что как раз третье дыхание появилось в нашем книгоиздании именно сейчас.

В начале 90-ых годов казалось, что волна западной переводной литературы поработит нас. Но вдруг, в середине 90-ых годов, появилось «второе дыхание». Правда, в облике не очень приятном. Русские детективы буквально смели своих западных противников, а заодно и всех остальных.

А вот и «третье дыхание». Кто бы мог поверить ещё недавно, что в таком количестве, пусть и малыми тиражами, будут издаваться книги по истории, политологии, современной философии? А в них бьётся живая русская мысль.

Я спрашиваю продавца, читают ли люди эти разные, но серьёзные книги?

- Книги покупают, прибыль есть. На убытках мы бы не продержались.

Есть такая тенденция в нашей современной жизни, о которой мало кто говорит. Серьёзный читатель уже не очень верит газетам, телевидению, он стремится получить информацию из первых рук. Отсюда интерес к серьёзной литературе. У автора, написавшего книгу по истории, куда больше шансов издать её, чем у того, кто пишет романы.

Мыслящая часть России сосредоточивается, она читает серьёзную литературу. И неважно, что целый угол магазина завален книгами солнечной графоманки Донцовой. Не донцовские читатели делают историю.

(По статье Александра Самоварова)

9. Автору статьи доставляет удовольствие ходить в книжные магазины, потому что _____ .

(А) он любит читать книги

(Б) он часто покупает книги

(В) сейчас там отличный выбор книг

10. Автор решил пойти в магазин небольшого подмосковного города, чтобы _____ .

(А) купить книгу «Третье дыхание»

(Б) посмотреть ассортимент продаваемых книг

(В) задать продавцу интересующие его вопросы

11. По мнению автора, современная художественная литература в этом магазине _____ .

(А) представлена ограниченно

(Б) практически не представлена

(В) представлена широко

12. В качестве «второго дыхания» автор рассматривает _____ .

(А) широкое распространение переводной литературы

(Б) наличие в магазинах разнообразной литературы

(В) преобладание российских детективов

13. Автор не упоминает, кто написал книгу «Третье дыхание», потому что _____ .

(А) думает, что имя писателя и так всем известно

(Б) не считает это важным

(В) негативно относится к его творчеству

14. Автор статьи считает _____ .

(А) книги Донцовой оптимистичными

(Б) факт популярности романов Донцовой симптоматичным

(В) романы Донцовой ненастоящей литературой

15. По мнению автора, ситуация, сложившаяся в сфере книгоиздания, свидетельствует о том, что _____ .

(А) в России слишком мало серьёзных авторов

(Б) растёт число думающих читателей

(В) издательства по-прежнему отдают предпочтение романам

ЧАСТЬ II

Инструкция к выполнению заданий 16–25

- Вам предъявляется отрывок из художественного текста.

- Ваша задача – прочитать текст и **закончить предложения**, данные после текста. Выберите правильный вариант ответа и отметьте его в матрице.

- При выполнении заданий можно пользоваться толковым словарём русского языка.

Задания 16–25. Прочитайте текст 3 и предложения, которые даны после текста. Выполните задания в соответствии с инструкцией.

ТЕКСТ 3

Антипова и композитор отдыхали в одном пансионате.
- Доброе утро, - поздоровался однажды композитор. - Как дела?
Сказать: «Плохо»? Что это изменит? Антипова ответила:
- Спасибо.
- Вы в каких отношениях с Казанцевым? - неожиданно спросил композитор. Казанцев руководил всей музыкой страны.
- Ни в каких, - удивилась Антипова. Она танцевала под музыку Чайковского, Бизе. Ими Казанцев не руководил.
- Значит, в хороших? Он сегодня к нам зайдёт. С женой. Приходите и Вы.
- А зачем? - удивилась Антипова.
- Посидим. Выпьем коньячку.

Ей хотелось свободы и покоя. Антипова постановила для себя не ходить в ненужные гости. Но вдруг передумала. Захотелось чего-то ещё, кроме моря, книг и одиночества. Накраситься, одеться в смелое платье с голой спиной. Прийти неважно куда и сидеть неважно с кем. Важно, что она не одна и жизнь продолжается… Антипова подошла к зеркалу. Она выглядела на двадцать семь.

В этот момент раздался стук. Антипова резко распахнула дверь и предстала в такой грозной красе, что композитор отпрянул.
- Знаете, ничего не получается… Пришло так много народу…
- И что? - не поняла Антипова.
Композитор мученически молчал.
- Некуда сесть? - подсказала Антипова.
- Да, да, вот именно…

Значит, Антипову не пускают потому, что все места заняты. Но она понимала, дело в другом: пришёл Казанцев с женой. Без оравы. Композитор радостно сообщил: «А я нашу соседку пригласил. Балерину. Очень милая женщина».

«Давайте посидим без посторонних, - попросила жена Казанцева. - Мы так устали от людей».

Антипова закрыла дверь. Если бы она была при ДЕЛЕ, при МУЖЕ, с ней не посмели бы так обойтись. Она почувствовала себя выброшенным на помойку ящиком. Антипова не понимала, что теперь делать со своим красивым платьем, нарядным лицом. Потом понесла всё это в столовую.

В столовой на неё устремились глаза присутствующих. В воздухе струились частички зависти, восхищения. Антипова чувствовала их на своей коже. Она вышла из столовой и тут же увидела композитора.

- Ну что, выпили коньячку? - беспечно спросила Антипова.
- А... Рюмка в горло не идёт. Кто ж знал, что они приведут с собой ораву...

Значит, он подошёл во второй раз сказать, что ей нет места на празднике избранных.

- Да ладно врать, - спокойно сказала Антипова. - Не было никакой оравы. Глаза композитора расширились в мистическом ужасе.
- Хотите, скажу, как было? - предложила Антипова. - Пришёл Казанцев с женой. И сказал: «Посидим без посторонних».

Помолчали. Антипова в третий раз сглотнула унижение. Она обошла композитора, как предмет, и поднялась на свой этаж.

Возле лифта к ней метнулась жена композитора.

- Ой, какие ж милые эти Казанцевы! Какие простые! Им у нас так понравилось...

Антипова терпеливо слушала и понимала: дело в том, что в гости пришла ВЛАСТЬ. И сказала: «Мы с вами. Вы с нами». А Антипова им чужая. Но зачем об этом всё время напоминать?

- Спокойной ночи, - попрощалась Антипова и пошла в номер... Одно только странно: почему они не сидят за столом и не пьют коньячок? Почему они бегают по коридорам и отлавливают Антипову?

«НЕ ПРИШЛИ!» - осенило её. Власть нахамила, сказала: обойдёмся без вас. И теперь композитор и его жена боятся, что это станет известно. Все узнают, что у композитора финал. Его больше нет.

Какую же пропасть надо иметь под ногами, чтобы так суетиться перед незнакомой бывшей балериной. Их мучает страх. Ей даже захотелось купить бутылку, прийти к композитору и сказать: «Давайте выпьем, ребята».

И в самом деле: что общего у художника с властью, даже если Казанцев глубоко порядочный человек? Антипова вспомнила его лицо, намелькавшееся в телевизионном экране.

Людей объединяет успех, а не обиды. Обиды разъединяют. Казанцеву не до гостей. Власть качается под ним. Чем он виноват, что жил в своё время и жил, как все ему подобные?

Антипова взяла куртку и пошла на берег. В общем, ничего не случилось. Она ведь не хотела идти в гости. Вот и не пошла.

(По рассказу В. Токаревой)

16. Антипова и композитор _____ .

    (А) впервые встретились в пансионате
    (Б) были знакомы, но давно не встречались
    (В) хорошо знали друг друга

17. Антипова и Казанцев _____ .

    (А) были связаны по работе
    (Б) были давними приятелями
    (В) никогда не общались

18. Антипова не хотела идти в гости к композитору, потому что _____ .

    (А) плохо его знала
    (Б) стеснялась
    (В) не хотела терять времени

19. Антипова решила пойти в гости, поскольку _____ .

    (А) ей было любопытно
    (Б) она скучала в пансионате
    (В) в номере ей было одиноко

20. Когда Антипова собралась в гости, она почувствовала себя _____ .

    (А) очень красивой
    (Б) очень одинокой
    (В) очень старой

21. В этот вечер Антипова не была в гостях, так как _____ .

    (А) композитор отменил приглашение
    (Б) там было много народа
    (В) она обиделась на композитора

22. В столовой люди смотрели на Антипову, потому что _____ .

    (А) знали, что композитор пригласил её в гости
    (Б) она была одета вызывающе
    (В) она удивила всех своей красотой

23. Вечером композитор и его жена несколько раз подходили к Антиповой, чтобы _____ .

    (А) лишний раз унизить её
    (Б) скрыть, что власть от них отвернулась
    (В) сказать, что гости были очень довольны

24. Угадав реальное положение дел, Антипова _____ .

(А) обиделась на композитора и его жену

(Б) посочувствовала композитору и его жене

(В) была возмущена поступком Казанцева

25. Казанцев не пришёл в гости к композитору, потому что _____ .

(А) у него были проблемы на работе

(Б) он обиделся на него

(В) представители власти не ходят к подчинённым

Субтест 3. АУДИРОВАНИЕ

Инструкция к выполнению теста

- Время выполнения теста (30-40 минут) определяется временем звучания предъявляемых аудио-и видеоматериалов и временем выполнения заданий.

- Тест включает 25 заданий.

- Перед прослушиванием каждой части Вы получаете задания к ней, инструкцию в письменном виде. Выберите вариант ответа и отметьте его в матрице.

Например:

(Б — правильный вариант).

Если Вы изменили свой выбор и хотите исправить ошибку, сделайте это так:

| А | Ⓑ̶ | Ⓥ | Г |

(А — ошибка, Б — правильный вариант).

Количество предъявлений: 1

Пользоваться словарём не разрешается.

Инструкция к выполнению заданий 1–5

- Задания 1–5 выполняются после прослушивания начальных реплик диалога.
- Время выполнения заданий: **до 5 мин.**

Задания 1–5. Прослушайте начальные реплики диалога двух людей при их встрече и выберите вариант ответа к каждому из заданий.

1. **Говорящий ходит в театр** _____ .
   - (А) очень редко
   - (Б) иногда
   - (В) часто

2. Говорящий купил билет _____ .

(А) перед началом спектакля

(Б) заранее, через Интернет

(В) заранее, в кассе театра

3. На этом спектакле _____ .

(А) зрительный зал был заполнен полностью

(Б) зрителей было больше половины зала

(В) зрителей было очень мало

4. Игра актёров говорящему _____ .

(А) не очень понравилась

(Б) абсолютно не понравилась

(В) очень понравилась

5. Говорящий считает, что _____ .

(А) нельзя доверять газетам

(Б) газеты дают верную информацию

(В) газеты вообще не стоит читать

Инструкция к выполнению заданий 6–10

- Задания 6–10 выполняются после прослушивания рекламной информации.
- Время выполнения заданий: **до 5 мин.**

Задания 6–10. Прослушайте рекламную информацию и выберите вариант ответа к каждому из заданий.

6. Туристическая компания предлагает путешествия _____ .

(А) по морям

(Б) по рекам

(В) по морям и рекам

7. Продолжительность путешествия _____ .

(А) определяется клиентами

(Б) составляет 3 дня

(В) составляет 3 недели

8. Экскурсии предоставляются _____ .

   (А) пассажирам кают «люкс»

   (Б) по предварительным заявкам

   (В) всем желающим

9. Семьям с детьми предоставляются _____ .

   (А) 20-типроцентные скидки

   (Б) 15-типроцентные скидки

   (В) 10-типроцентные скидки

10. Это рекламное сообщение адресовано любителям _____ .

    (А) спокойного отдыха

    (Б) активного отдыха

    (В) круизов

Инструкция к выполнению заданий 11–15

- Задания 11–15 выполняются после просмотра видеозаписи.
- Время выполнения заданий: **до 6 мин.**

Задания 11–15. Посмотрите фрагмент кинофильма «Я шагаю по Москве» и выберите вариант ответа к каждому из заданий.

11. Девушка, которую ищут молодые люди, _____ .

    (А) ушла на работу

    (Б) пошла на концерт

    (В) гуляет в парке

12. 1-ый молодой человек _____ .

    (А) уверен, что девушка скоро поедет в Сибирь

    (Б) хочет жениться на девушке и жить в Сибири

    (В) не знает, хочет ли девушка ехать в Сибирь

13. 2-ой молодой человек пришёл во двор, потому что _____ .

    (А) ищет знакомую девушку

    (Б) искал своего друга

    (В) хотел познакомиться с отцом девушки

14. 2-ой молодой человек сказал, что у его друга есть семья, потому что _____ .

(А) хотел пошутить
(Б) это была правда
(В) хотел поссорить друга и девушку

15. Отец девушки говорит с молодыми людьми _____ .

(А) грубовато
(Б) очень вежливо
(В) равнодушно

Инструкция к выполнению заданий 16–20

- Задания 16–20 выполняются после прослушивания аудиозаписи новостей.
- Время выполнения заданий: **до 6 мин**.

Задания 16–20. Прослушайте аудиозапись новостей и выберите вариант ответа к каждому из заданий.

16. Основная задача организаторов выставки «Наука сближает народы» - показать _____ .

(А) последние научные достижения учёных-ядерщиков
(Б) необходимость доверительных отношений в политике
(В) красоту городов, в которых работают физики-ядерщики

17. В Москве запретят ремонт дорог в зимнее время, так как _____ .

(А) выделяется слишком мало денег
(Б) средства выделяются слишком поздно
(В) такой ремонт неэффективен

18. Памятник великой русской балерине Галине Улановой был установлен на средства _____ .

(А) работников музея
(Б) работников Академии балета
(В) Санкт-Петербурга

19. Владельцами международного билета могут быть _____ .

   (А) только студенты российских вузов

   (Б) только школьники в возрасте от 12 до 18 лет

   (В) учащиеся учебных заведений старше 12 лет

20. В новом законе говорится о защите авторских прав _____ .

   (А) на все виды интеллектуальной деятельности

   (Б) на достижения науки и техники

   (В) только на печатные издания

Инструкция к выполнению заданий 21–25

- Задания 21–25 выполняются после просмотра видеозаписи интервью.
- Время выполнения заданий: **до 6 мин**.

Задания 21–25. Посмотрите фрагмент видеозаписи интервью с преподавателем театрального института и известным российским актёром Александром Збруевым. Выберите вариант ответа к каждому из заданий.

21. Говоря о судьбе своих учеников, А. Збруев _____ .

   (А) радуется, что они могут сниматься в сериалах

   (Б) удивляется, что их не приглашают в московские театры

   (В) возмущается, что они должны унижаться ради роли

22. Александр Збруев считает, что _____ .

   (А) приём в театральные вузы надо осуществлять по графику

   (Б) театральные вузы должны набирать студентов через год

   (В) нужно сократить количество театральных вузов

23. По наблюдениям А. Збруева, молодые актёры _____ .

   (А) стараются играть только хорошие роли

   (Б) берутся за любую роль

   (В) часто остаются невостребованными

24. По мнению А. Збруева, слава — это _____ .

(А) нечто преходящее и ненадёжное

(Б) свидетельство признания зрителей

(В) свидетельство профессионализма

25. Речь А. Збруева _____ .

(А) логична и бесстрастна

(Б) эмоциональна и аргументированна

(В) сбивчива и непоследовательна

Субтест 4. ПИСЬМО

Инструкция к выполнению теста

- Время выполнения теста: **55 мин.**

- Тест состоит из 3 заданий.

- При выполнении теста разрешается пользоваться толковым словарём.

Инструкция к выполнению задания 1

- Ваша задача – на основе прочитанного текста написать **письмо рекомендательного характера**.
- Объём печатного текста: **до 180 слов.**
- Время выполнения задания: **20 мин.**
- Объём письма: **50–70 слов.**

Задание 1. У вашего друга (у вашей подруги) скоро будет юбилей, который он (она) хочет отметить в ресторане. На основе предложенных рекламных материалов порекомендуйте ресторан, который, по вашему мнению, лучше всего подойдёт для намечающегося торжества.

Фирма «ГРАФ ОРЛОВ»

Предлагает Вам обеды на заказ.
У нас Вы найдёте большой ассортимент блюд традиционной русской кухни: салаты, холодные закуски, супы, мясные и рыбные блюда, а также домашнюю выпечку, торты, десерты и напитки.
Меню обновляется каждый день.
Вам нужно лишь позвонить:
775-33-07.

«Самовар»

В нашем ресторане замечательно кормят: «Самовар» объединил традиции лучших русских трактиров с европейским уровнем обслуживания. По вечерам выступают известные артисты.
Мясницкая, д. 13.
Т.: 921-46-88.

Приглашаем посетить Ресторан «ЗОЛОТАЯ ЛУКОВИЦА»!

Прекрасная итальянская кухня, изящно оформленный зал, изысканные вина создают неповторимую атмосферу. Здесь Вы прекрасно отдохнёте и пообщаетесь с друзьями.

Ул.Гиляровского, 12.339.
Тел.: 684-35-17.

В ресторане «ДРЕВНИЙ КИТАЙ»

Вас встретят приветливые девушки в национальных костюмах.
В меню представлены традиционные блюда китайской кухни, изысканные деликатесы.
Разнообразная винная карта.

Тел.: 292-29-30.

Ресторан «Времена года» -
Место уютного отдыха.
Обширный выбор блюд русской и европейской кухни, прекрасное обслуживание. В пятницу и субботу – разнообразные развлекательные шоу. Здесь Вы можете отметить день рождения, организовать вечеринку.
Наш адрес :
ул.Титовская, д. 4,
т.: 257-10-96.

«СТОЛЕШНИКИ»

Наш ресторан находится в тихом переулке в центре Москвы.
В уютном зале можно потанцевать под популярные мелодии в исполнении музыкантов.
В меню – блюда авторской, европейской и русской кухни.

С 11:00 до 24:00.
Адрес :
Столешников пер., д. 6.
Тел.: 229-58-42.

Инструкция к выполнению задания 2

- Вам предлагается ситуация, относящаяся к социально-деловой сфере общения.
- Ваша задача — написать текст **официально-делового характера** в соответствии с представленной ситуацией и предложенным заданием.
- Время выполнения задания: **15 мин**
- Объём текста: **50–70 слов**

Задание 2. Представьте себе, что Вы хотите пройти месячную стажировку в российской фирме. Напишите заявление на имя директора фирмы с просьбой прислать Вам приглашение в Россию. Аргументируйте свою просьбу.

Инструкция к выполнению задания 3

- Вам предлагается ситуация, относящаяся к социально-бытовой сфере общения.
- Ваша задача — написать **неформальное письмо** в соответствии с представленной ситуацией и предложенным заданием.
- Время выполнения задания: **20 мин.**
- Объём текста: **100–150 слов.**

Задание 3. Ваш хороший знакомый — директор крупной фирмы. Он обратился к Вам с просьбой порекомендовать ему человека, который мог бы выполнять в его фирме обязанности водителя.

Напишите дружеское, неформальное письмо, в котором охарактеризуйте этого человека, а именно укажите:

— его личностные (внешние и внутренние) качества,

— деловые и профессиональные качества,

— факты и события из его жизни, которые привлекли Ваше внимание;

— обстоятельства Вашего знакомства. А также оцените, обладает ли этот человек всеми качествами, необходимыми для работы в крупной фирме.

Субтест 5. ГОВОРЕНИЕ

Инструкция к выполнению теста

- Время выполнения теста: **до 50 мин.**
- Тест состоит из 5 частей, включающих 6 заданий (15 позиций).
- Все Ваши высказывания записываются на диктофон.
- Пользоваться словарём не разрешается.

ЧАСТЬ I

Инструкция к выполнению задания 1 (позиции 1–4)

- Ваша задача – **поддержать диалог** в соответствии с заданием.
- **Задание выполняется без подготовки.**
- Время выполнения задания: **до 1,5 мин.**
- Количество предъявлений: **1**
- Пауза для ответа: **15 сек.**

Задание 1 (позиции 1–4). Представьте себе, что Вы с другом ездили на экскурсию в другой город. Этот город Понравился и Вам, и Вашему другу. Ответьте ему, используя синонимичные оценочные слова.

1. — Мне понравился этот город! Такой уютный...
   — _____ .

2. — Архитектура необычная.
   — _____ .

3. — Жители все приветливые.
   — _____ .

4. — И находится в таком красивом месте!
   — _____ .

Инструкция к выполнению задания 2 (позиции 5–8)

- Ваша задача – ответить на реплики собеседника в соответствии с заданной ситуацией и указанным намерением.
- **Задание выполняется без подготовки.**
- Время выполнения задания: **до 1,5 мин.**
- Количество предъявлений: **1**
- Пауза для ответа: **15 сек.**

Задание 2 (позиции 5–8). Вы разговариваете с другом, с которым Вы вместе работаете. Друг сообщает Вам интересную новость. Отреагируйте на реплики собеседника, выражая заданное намерение.

5. Выразите удивление.

— На следующей неделе мы не работаем.

— _____ .

6. Выразите заинтересованность.

— Наше руководство решило организовать поездку в Петербург.

— _____ .

7. Выразите возмущение.

— Ладно, я просто пошутила.

— _____ .

8. Выразите, что Вы не обиделись.

— Извините, наверное, это была не очень удачная шутка.

— _____ .

Инструкция к выполнению задания 3 (позиции 9–12)

- Вам будут предъявлены 4 реплики в письменном виде.
- Ваша задача — воспроизвести реплики с интонацией, соответствующей намерению, которое предлагается собеседником.
- **Задание выполняется без подготовки.**
- Время выполнения задания: **до 1,5 мин.**

Задание 3 (позиции 9–12). Воспроизведите реплики с интонацией, соответствующей заданным намерениям.

9. — Вы восхищаетесь:

   — Ты посмотри / какая машина // Мечта всей жизни //

10. — Вы разочарованы:

    — Она мне столько наобещала / и ничего не сделала //

11. — Вы опасаетесь:

    — Миши до сих пор нет // Вдруг он совсем не придёт // Что мы будем делать

12. — Вы рады:

    — Как мы рады тебя видеть // Молодец / что пришёл //

ЧАСТЬ II

Инструкция к выполнению задания 4 (позиция 13)

- Задание 4 (позиция 13) выполняется после просмотра **видеосюжета.**
- Ваша задача – составить **подробный рассказ** об увиденном в соответствии с предложенным заданием.
- Количество предъявлений: **1**
- Время на подготовку: **10 мин.**
- Время выполнения задания: **до 5 мин.**

Задание 4 (позиция 13). Просмотрев фрагмент фильма, расскажите об увиденном друзьям. Ваш рассказ должен включать описание:
а) ситуации,
б) действующих лиц,
а также объяснение, почему, по Вашему мнению, возникла такая ситуация.

Инструкция к выполнению задания 5 (позиция 14)

- Вы инициатор диалога. Ваша задача – **подробно расспросить** своего собеседника в соответствии с предложенным заданием.
- Время на подготовку: **3 мин.**
- Время выполнения задания: **до 5 мин.**

Задание 5 (позиция 14). Вы прочитали в газете объявление:

Крупная мебельная компания (на рынке 15 лет) приглашает
ДИРЕКТОРА ПО РАБОТЕ С КЛИЕНТАМИ,
Требования: 30-50 лет, высшее образование,
опыт работы не менее 2 лет, знание рынка,
хорошие организаторские способности,
знание психологии, стрессоустойчивость.
Более подробную информацию вы можете получить
По телефонам: **391-99-74, 391-98-33**

Это объявление Вас заинтересовало. Позвоните по указанному телефону и расспросите обо всём как можно более подробно, чтобы решить, стоит ли Вам обращаться в эту фирму.

Инструкция к выполнению задания 6 (позиция 15)

- Вы должны принять участие в **обсуждении** определённой **проблемы.**
- Ваш собеседник – тестирующий.
- Ваша задача – в процессе беседы высказать и отстоять свою точку зрения по предложенному вопросу, адекватно реагируя на реплики тестирующего.
- **Задание выполняется без подготовки**
- Время выполнения задания: **до 10 мин.**

Задание 6 (позиция 15). Примите участие в беседе на тему, предложенную тестирующим.

В процессе обсуждения Вы должны:
  – высказать своё мнение, уточнить своё мнение,
  – обосновать мнение,
  – привести примеры,
  – привести сравнение,
  – высказать предположение,
  – сформулировать вывод.

2부 정답 및 문제해설

정답

Субтест 1. ЛЕКСИКА. ГРАММАТИКА

КОНТРОЛЬНАЯ МАТРИЦА

МАТРИЦА NO.1

#	А	Б	В	Г
1	А	**Б**	В	Г
2	**А**	Б	В	Г
3	А	Б	В	**Г**
4	А	Б	**В**	Г
5	А	Б	**В**	Г
6	**А**	Б	В	Г
7	А	Б	В	**Г**
8	**А**	Б	В	Г
9	**А**	Б	В	Г
10	А	**Б**	В	Г
11	А	Б	**В**	Г
12	А	**Б**	В	Г
13	А	Б	В	**Г**
14	А	**Б**	В	Г
15	А	Б	**В**	Г
16	**А**	Б	В	Г
17	А	Б	**В**	Г
18	А	Б	В	**Г**
19	А	Б	В	**Г**
20	**А**	Б	В	Г

МАТРИЦА NO.2

#	А	Б	В	Г
21	А	**Б**	В	Г
22	**А**	Б	В	Г
23	А	Б	**В**	Г
24	А	**Б**	В	Г
25	А	Б	В	**Г**
26	А	**Б**	В	Г
27	А	**Б**	В	Г
28	А	Б	В	**Г**
29	**А**	Б	В	Г
30	А	Б	**В**	Г
31	А	Б	**В**	Г
32	А	Б	В	**Г**
33	**А**	Б	В	Г
34	А	**Б**	В	Г
35	А	Б	**В**	Г
36	А	**Б**	В	Г
37	А	Б	В	**Г**
38	**А**	Б	В	Г
39	А	Б	В	**Г**
40	**А**	Б	В	Г

МАТРИЦА NO.3

41	А	Б	**В**	Г
42	**А**	Б	В	Г
43	А	Б	**В**	Г
44	А	**Б**	В	Г
45	А	Б	В	**Г**
46	А	**Б**	В	Г
47	**А**	Б	В	Г
48	**А**	Б	В	Г
49	А	**Б**	В	Г
50	А	Б	В	**Г**
51	А	Б	**В**	Г
52	А	Б	В	**Г**
53	А	Б	**В**	Г
54	**А**	Б	В	Г
55	А	Б	В	**Г**
56	А	Б	**В**	Г
57	**А**	Б	В	Г
58	А	**Б**	В	Г
59	А	**Б**	В	Г
60	А	Б	**В**	Г
61	**А**	Б	В	Г
62	А	Б	**В**	Г
63	**А**	Б	В	Г
64	А	Б	В	**Г**
65	А	Б	В	**Г**

МАТРИЦА NO.4

66	А	**Б**	В	Г
67	А	Б	В	**Г**
68	**А**	Б	В	Г
69	А	Б	В	**Г**
70	А	Б	**В**	Г
71	А	Б	В	**Г**
72	**А**	Б	В	Г
73	А	**Б**	В	Г
74	А	Б	**В**	Г
75	А	Б	В	**Г**
76	А	Б	**В**	Г
77	А	Б	**В**	Г
78	**А**	Б	В	Г
79	А	**Б**	В	Г
80	А	Б	В	**Г**
81	А	Б	**В**	Г
82	А	**Б**	В	Г
83	А	**Б**		
84	**А**	Б		
85	А	**Б**		
86	**А**	Б		
87	**А**	Б		
88	А	**Б**		
89	**А**	Б		
90	**А**	Б		

МАТРИЦА NO.5

№	А	Б	В	Г
91	А	**Б**		
92	А	**Б**		
93	А	**Б**		
94	**А**	Б	В	Г
95	А	Б	В	**Г**
96	**А**	Б	В	Г
97	А	Б	**В**	Г
98	А	**Б**	В	Г
99	А	Б	В	**Г**
100	А	Б	В	**Г**
101	А	Б	**В**	Г
102	**А**	Б	В	Г
103	**А**	Б	В	Г
104	А	Б	**В**	Г
105	А	**Б**	В	Г
106	А	Б	В	**Г**
107	**А**	Б		
108	А	**Б**		
109	А	Б	**В**	Г
110	А	**Б**	В	Г
111	А	Б	В	**Г**
112	**А**	Б	В	Г
113	А	**Б**	В	Г
114	А	Б	В	**Г**
115	А	Б	**В**	Г

МАТРИЦА NO.6

№	А	Б	В	Г
116	А	Б	В	**Г**
117	**А**	Б	В	Г
118	А	Б	**В**	Г
119	**А**	Б	В	Г
120	А	Б	В	**Г**
121	А	**Б**	В	Г
122	А	**Б**	В	Г
123	А	Б	В	**Г**
124	**А**	Б	В	Г
125	А	Б	**В**	Г
126	А	Б	**В**	Г
127	**А**	Б	В	Г
128	А	Б	**В**	Г
129	А	Б	В	**Г**
130	А	**Б**	В	Г
131	А	Б	В	**Г**
132	А	**Б**	В	Г
133	**А**	Б	В	Г
134	А	Б	**В**	Г
135	А	**Б**	В	Г
136	А	Б	В	**Г**
137	**А**	Б	В	Г
138	А	Б	В	**Г**
139	А	Б	**В**	Г
140	**А**	Б	В	Г

МАТРИЦА NO.7

141	А	Б	В	**Г**
142	А	**Б**	В	Г
143	А	**Б**	В	Г
144	А	Б	**В**	Г
145	А	Б	В	**Г**
146	**А**	Б	В	Г
147	А	Б	**В**	Г
148	А	Б	**В**	Г
149	А	**Б**	В	Г
150	А	Б	В	**Г**

Субтест 2. ЧТЕНИЕ

КОНТРОЛЬНАЯ МАТРИЦА

1	А	Б	**В**
2	А	Б	**В**
3	А	Б	**В**
4	**А**	Б	В
5	**А**	Б	В
6	А	Б	**В**
7	А	Б	**В**
8	А	**Б**	В
9	**А**	Б	В
10	А	**Б**	В
11	**А**	Б	В
12	А	Б	**В**
13	А	**Б**	В
14	А	Б	**В**
15	А	**Б**	В
16	**А**	Б	В
17	А	Б	**В**
18	А	Б	**В**
19	А	**Б**	В
20	**А**	Б	В
21	**А**	Б	В
22	А	Б	**В**
23	А	**Б**	В
24	А	**Б**	В
25	**А**	Б	В

Субтест 3. АУДИРОВАНИЕ

КОНТРОЛЬНАЯ МАТРИЦА

#	А	Б	В
1	**А**	Б	В
2	А	Б	**В**
3	А	Б	**В**
4	А	**Б**	В
5	**А**	Б	В
6	А	**Б**	В
7	**А**	Б	В
8	А	Б	**В**
9	А	**Б**	В
10	А	Б	**В**
11	А	**Б**	В
12	А	Б	**В**
13	**А**	Б	В
14	**А**	Б	В
15	**А**	Б	В
16	А	**Б**	В
17	А	Б	**В**
18	А	**Б**	В
19	А	Б	**В**
20	**А**	Б	В
21	А	Б	**В**
22	**А**	Б	В
23	А	**Б**	В
24	**А**	Б	В
25	А	**Б**	В

Субтест 1. ЛЕКСИКА. ГРАММАТИКА (어휘, 문법)

〈테스트 중 지켜야 할 사항〉

- 시험 시간은 90분입니다.
- 시험은 네 부분으로 되어 있으며, 총 150문항입니다.
- 시험 중 사전을 이용할 수 없습니다.
- 시험지의 왼쪽에는 문제 번호와 표현이 주어져 있고, 오른쪽에는 보기가 나열되어 있습니다. 정답이 되는 알파벳을 골라 답안지에 표시하세요.

예를 들면:

 (Б − 정답)

답을 수정할 경우, 아래와 같이 고치세요.

  (В − 오답, Б − 정답)

ЧАСТЬ I

(문제 1~32) 보기에서 정답을 고르세요.

01

заявление + о чём(6) ~에 대한 신고(제출)서 / уход 탈퇴, 떠남(*заявление об уходе 사직서)
решить уйти с работы (일을 그만두기로 결심하다)에는 '사직서'가 적합하다.

[어휘] для ухода, по уходе, на уход 등의 표현은 заявление와 같이 사용하지 않는다.
[해석] 안드레이는 일을 그만두기로 결심하고 사직서를 썼다.
[정답] Б

02

обойти вокруг + чего(2) ~주위를 돌아가다.

[어휘] вокруг + чего(2) ~주위를('우회하다', '돌다'의 의미와 쓰임) / около чего(2) ~주위에, 근처에

вдоль + чего(2) 따라서 / мимо + чего(2) 지나서, 옆으로

[해석] 동상이 특이했다. 그래서 우리는 그 주위를 한 바퀴 돌아서 갔다.
[정답] А

03

в течение чего(2) + инф.(СВ). ~동안 다 ~하다, 끝내다

[어휘] около чего(2) ~주 위에, 근처에 / после чего(2) ~후에 / по мере чего(2) ~에 따라서
[해석] 니꼴라이는 이 일을 한 달 안에 다 해야 한다.
[정답] Г

04

문맥상 '많이 일하다'가 어울린다.

[어휘] осенью 가을에 / кому(3) приходится + инф. ~(кому)는 ~해야 한다
 *крестьянам – крестьянин(농부)의 복수 여격 / чтобы ~하기 위해서 / урожай 수확 /
 убрать урожай 농작물을 수확하다 / сильно 세게, 심하게 / безгранично 무한하게
[해석] 가을에 농부들은 수확을 거두기 위해 많이 일해야 한다
[정답] B

05

문맥상 '계획했던 것을 성공적으로/잘 샀다'는 뜻으로 해석된다.

[어휘] счастливо 행복하게 / удобно 편리하게 / удачно 성공적으로 / благополучно 무사히 /
 планировать ~을 계획하다
[해석] 안나는 매우 성공적으로(잘) 시장에 다녀왔다. 계획했던 모든 것들을 샀다.
[정답] B

06

'비참한 결과에 이르렀다'는 뜻으로 빈칸에는 плачевный результат가 적합하다.

[어휘] плачевный 애처로운, 비참한 / плаксивый 울보의 (плакса 울보) / плачущий 울먹이는
 (плачущим голосом 우는 목소리로) / заплаканный 울어서 눈이 퉁퉁 부은
 (заплаканные глаза 운 눈, заплаканное лицо 운 얼굴)
[해석] 볼로쟈는 매우 노력했으나 모든 그의 노력은 비참한 결과에 이르렀다.
[정답] А

07

문맥상 '외교적 관계'라는 표현이 들어가야 하므로 дипломатический(외교의)가 적합하다.
'외교 관계'는 дипломатические отношения로 표현한다.

[어휘]   дипломированный 자격증(증서)가 수여된 / дипломатичный 외교적 수완이 있는, 예의 바른 (사람의 성격에 대해) / дипломный 졸업장을 받아야 하는 / дипломатический 외교의 / установить 놓다, 설치하다, 확립하다, (관계)를 수립하다
[해석]   이 나라들은 이미 오래전에 외교 관계를 수립했다.
[정답]   Г

08

문맥상 '유리한 신용 조건'의 뜻으로 해석되므로 выгодный(이익이 있는, 유리한)의 복수형 выгодные가 적합하다.

[어휘]   кредит 신용, 외상, 대출 / условия кредита 대출 조건 / пригодный 쓸모 있는, 적합한 / высокий 높은 / льготный 특혜의, 할인 혜택이 있는
[해석]   이 은행에는 매우 유리한 대출 조건이 있다.
[정답]   А

09

가장 적합한 표현법을 알아야 하는 어휘력 문제이다.
что-кто(1) произвести впечатление + на кого(4) ~(1)이 ~(4)에게 감명/인상을 주다
'다시없는/비교할 수 없는 감명'의 뜻으로 неповторимое впечатление가 적합하다.

[어휘]   неповторимый 비교할 수 없는, 둘도 없는 / забытый 잊혀진 / неограниченный 무제한의 / эмоциональный 감정적인
[해석]   이 영화는 모든 사람들에게 비교할 수 없는 감명을 주었다.
[정답]   А

10

문맥상 '급행열차표'를 샀다는 내용으로 скорый(급행의)가 적합하다.

[어휘]   быстрый (일반적으로) 빠른 / скорый (시간 및 속도가) 빠른, 급행의 / срочный (기한의) 시급한 / скоростной 고속의, 쾌속의
[해석]   급행열차표를 사게 되어서 정말 좋아!
[정답]   Б

11

выполнить задание 과제를 수행하다.
동사 выполнить와 함께 쓰이는 명사는 задание이다. 숙어로 알아 두는 것이 좋다.

[어휘] примеры 예시들 / проблемы 문제들 / задания 과제들 / зянятия 수업들 / к концу месяца 월말까지
[해석] 이 과제들을 월말까지 수행해야 한다.
[정답] В

12

수량 표현 'мало+생격'의 용법이며 추상 명사가 결합할 경우 단수 생격을 쓴다. 따라서 опыт는 여기서 단수 생격 опыта가 된다.

[어휘] информация 정보 / опыт 경험 / поступок 행실, 행동 / слишком 지나치게, 너무
[해석] 그는 너를 도울 수 없을 것이다. 그는 그런 일들에 너무 경험이 적다.
[정답] Б

13

문맥상 공공 단체를 뜻하는 общественность가 어울린다.

[어휘] общество 사회 / общность 일치, 공통 / общительность 사교성 / общественность 공공 단체 / улучшение 개선 / выступить-выступать за что 지지하다.
[해석] 도시 공공 단체는 생태 환경 개선을 지지하고 있다.
[정답] Г

14

문맥상 작은 아파트에서 큰 아파트로 바꾸는 것을 의미하므로 교환의 뜻인 обмен이 적합하다.

[어휘] размен 환금 (잔돈을 바꾸는 것) / обмен (물건의) 교환 / перемена 변화 / замена 교대, 대신하는 것 / заниматься + чем(5) ~에 몰두하다, 일하다
[해석] 우리는 반년 동안 우리의 작은 아파트를 큰 아파트와 바꾸려고 했다.
[정답] Б

*구소련에서는 국유재산인 아파트의 거래가 불가능했으므로 대신 조건이 맞는 소유자끼리 아파트를 교환하곤 했는데, 이러한 거래 방식은 소련 해체 후에도 한동안 계속되었다. (편집 주)

15

문맥상 '러시아 대사관에서'라는 표현과 важные переговоры(중요한 교섭)가 어울린다.

[어휘] беседа 담화, 회담 / обсуждение 협의, 토의 / переговоры (외교적) 교섭 / договор 조약, 계약

[해석] 어제 러시아 대사관에서 중요한 교섭이 있었다.
[정답] B

16

'뭔가 정확하지 않은 것'이란 뜻으로 кое-что가 적합하다. 러시아어에서 불특정 사물이나 사람을 이야기할 때 다음과 같은 말들이 자주 사용된다.

> ⚠️ **여기서 잠깐!**
>
> ① -НИБУДЬ
> 말하는 사람도, 듣는 사람도 잘 모르는 '무언가'에 대해 이야기하며, 거기에 선택의 의미를 부여하거나 그것이 무엇이든(누구든) 관계없을 때 사용한다.
> 예) Купи мне что-нибудь сладкое. 아무거나 단 것 좀 사다줘. (선택의 의미가 있으며, 듣는 이가 무엇을 사오건 관계없다.)
>
> ② -ТО
> 말하는 사람이 그것이 누구인지 혹은 무엇인지 모를 때 사용한다.
> 예) Ты кого-то ждёшь? 너 누군가를 기다리고 있니? (말하는 사람은 상대방이 누구를 기다리고 있는지 모른다.)
>
> ③ КОЕ-
> 말하는 사람은 정확히 알지만 듣는 사람은 모르는 것에 대해 말할 때 혹은 그것이 무엇인지 말하지 않으려고 할 때 사용한다.
> Я кое-что знаю о тебе. 나는 너에 대해 (나만 아는) 뭔가를 알고 있지.

[어휘] кое-что 뭔가 / кое-как 어떻게 해서, 어떤 방법으로 / что-нибудь 뭔가(라도) / кое-какой 어떤 것의
[해석] 미안해요, 돌아가야겠어요, 제가 차 안에 뭘 두고 왔네요.
[정답] A

17

'무엇을 읽을지 상관없었다'는 의미로 그냥 어떤 신문을 좀 샀다는 내용이다. 따라서 какие-то가 빈칸에 적합하다.

[어휘] кое-какие 뭔가의 (말하는 이만 알고 있는) / какие-нибудь 뭔가, 어떤 (것이라도) / какие-то (임의의) 어떤 / сколько-нибудь 어느 정도
[해석] 일리야는 기차에서 무엇을 읽을지 상관없었다. 그래서 어떤 신문들을 좀 샀다.
[정답] B

18

весь отпуск와 어울리는 표현은 '(일정 시간) 머물러 있다'는 의미의 пробыть이므로 정답은 пробыла이다.

[어휘] побывать (여러 곳을) 돌아다니다 / побыть (잠시) 있다, 체류하다 / прибыть 도착하다 / пробыть (일정 시간) 머물러 있다

[해석] 휴가 내내 자매는 별장에 머물러 있었다.
[정답] Г

19

문맥상 '다시 해야 한다'는 의미가 어울리므로 동사 переделать가 정답이다.

[어휘] недостаток 결점, 단점 / кому(3) придётся + инф. ~해야 한다 / проделать (일정 기간을) ~하다 / сделать 다 하다 / переделать 다시 하다
[해석] 당신의 작업에는 결함(부족한 것)이 많아요. 작업을 다시 해야겠어요
[정답] Г

20

бланк에 '적어 넣으세요'라는 의미이므로 동사 вписать의 명령형 впишите가 적합하다.

[어휘] бланк 서식 용지 / вписать 기입하다/ переписать 다시 쓰다 / записать 적어두다 / списать 베껴 쓰다
[해석] 여기 서식 용지가 있어요, 여기에 자기 성을 기입하세요.
[정답] А

21

'훌륭한 재능을 지니다'라는 뜻으로 조격을 사용하고 있으므로 обладать + чем(5) (~을 갖다, 점유하다)의 3인칭 단수형 обладает이 어울린다.

[어휘] владеть + чем(5) 영유, 지배하다, (어떤 일에) 능통하다 / иметь 가지다, 소유하다 / мочь 할 수 있다.
[해석] 내 형은 훌륭한 재능을 지니고 있다.
[정답] Б

22

'항상 다닌다'는 뜻과 연결되는 동사는 부정태 운동동사 ходить이며, 여기서 в чём(6)은 '어떤 옷을 입고'를 의미한다.

[어휘] ходить 다니다 / носить 나르다(부정태) / идти 걸어가다 / нести 나르다(정태)
[해석] 왜 이리나는 항상 어두운 옷을 입고 다니니?
[정답] А

23

문맥상 '끌고 가다'는 의미의 동사가 필요하므로 정답은 тащить이다.

[어휘] вести 데리고 가다 / катить 굴리다 / тащить 끌다 / лезть 기다 / санки 썰매
[해석] 아이가 무거운 썰매를 힘들게 산으로 끌고 갔다.
[정답] В

24

'~에 대해 책임을 지다'는 нести отвественность + за что(4)로 표현하므로 정답은 нести이다.

[어휘] тащить, нести, вести , носить 22, 23번 참고 / поступки (복) 행실, 행위
[해석] 각자 자신의 행실에 대해서 책임을 져야 한다.
[정답] Б

25

시선을 고정하지 못하고 눈동자가 많이 움직인다는 표현은 동사 бегать를 쓴다. 눈동자가 '돌아다닌다'는 이 표현은 보통 정직하지 않거나 거짓말을 할 때의 심리 상태를 표현한 것이다.

[어휘] ходить 걸어 다니다 / лезть 기다 / бежать 달리다(정태) / бегать 달리다(부정태)
[해석] 나는 이 남자가 마음에 들지 않는다. 그의 눈동자가 움직인다.
[정답] Г

26

лезть не в своё дело '남의 일에 끼어들다'라는 뜻으로 빈칸은 лезть가 정답이다.

[어휘] стараться + инф. ~하려고 애쓰다 / лезть 기다(정태) / лазить 기다(부정태)
[해석] 빠벨 이바노비치는 남의 일에 끼어들지 않으려고 애쓴다.
[정답] Б

27

из-под стола (책상 밑에서)와 어울리는 동사는 вылез이다.

[어휘] из-под + чего(2) 밑으로부터 / перелезть ~을 타고(통해) 넘다 / вылезти 기어 나오다 / перебежать 달려서 통과하다
[해석] 책상 밑에서 아기 고양이가 기어 나와서 우리를 쳐다보았다.
[정답] Б

28

문맥상 '물건을 на дачу (별장으로) 운송하다'의 의미이므로 перевезти가 적합하다.

[어휘]　решить + инф. ~하기로 결정하다 / внести 가지고 들어가다 / переехать 이사 가다
　　　　перевести (손으로) 옮기다 / перевезти (차량으로) 운반하다, 수송하다
[해석]　우리는 내일 물건들을 별장으로 운송하기로 결정했다.
[정답]　Г

29

문맥상 엄마가 아이를 '집으로 데리고 갔다'는 의미이므로 동사 увести의 과거 여성형 увела가 적합하다.

[어휘]　увести 데리고 가다 / довести ~까지 데리고 가다 / уводить 데리고 다니다(동사 увести의 부정태) /
　　　　ввести 안으로 넣다
[해석]　늦었다. 그래서 엄마는 아기를 집으로 데려갔다.
[정답]　A

30

'많은 힘이 ~에 쓰여 없어진다'의 의미이므로 동사 уходить를 사용한다.

[어휘]　уставать 피로하다 / переходить 옮겨 다니다 / проходить 지나다니다 / уходить 떠나가다 /
　　　　выходить 나가다
[해석]　저녁에 안나는 매우 피곤하다. 집안일에 힘이 많이 든다.
[정답]　B

31

'~으로 옮기다, (날짜, 시간 등)을 다른 날로 연기하다'의 비유적 의미를 갖는 동사가 들어가야 하는 문장으로 동사 перенести의 과거 복수형 перенесли가 적합하다.

[어휘]　перевести 다른 상태로 옮기다 / привести 데리고 오다 / перенести 다른 곳으로 옮기다, (날짜 등)
　　　　을 미루다 перенести + что(4) + на какое время (날짜, 시간 등)을 다른 날로 연기하다 / отнести
　　　　다른 곳으로 옮겨 놓다.
[해석]　올해 우리는 각자의 휴가를 10월로 연기했다.
[정답]　B

32

운동 동사의 비유적 표현을 묻는 문제이며, '성나게 하다, 격분시키다'는 выводить кого из себя이므로 정답은 выводят이다.

[어휘] сдержанный человек 태연한, 절제 있는 사람 / уводить 데리고 떠나다 / выносить 가지고 나가다 / отводить 끌고 가다, 데려다 놓다 / выводить 데리고 나와 다니다
[해석] 아르쫌은 절제 있는 사람이지만 거리의 교통 체증이 그를 화나게 한다.
[정답] Г

ЧАСТЬ II

(문제 33~106) 보기에서 정답을 고르세요.

33

накануне + чего(2) ~전야에

[어휘] накануне 전야에 / Рождество 크리스마스
[해석] 크리스마스 이브에 우리는 선물을 준비하는 것이 익숙하다.
[정답] А

34

рассчитывать + на что(4) ~을 예상하다, 기대하다

[어휘] рассчитывать 계산하다 / тратить 소비하다
[해석] 네가 돈을 쓸 때 무엇을 예상했었는지 이해가 안 된다.
[정답] Б

35

문맥상 꼬스뜨로마로 가는 기차에 대한 질문이므로 방향을 의미하는 대격 표현이 정답이다.

[어휘] стоять 서있다
[해석] 꼬스뜨로마로 가는 기차가 어디에 서있는지 아세요?
[정답] В

36

по ошибке 잘못하여, 실수로

[어휘] из-за ошибки 실수 때문에(원인)
[해석] 미안해요, 제가 이것을 실수로 잘못 썼어요.
[정답] Б

37

для + чего(2) ~을 위해서(목적)
문맥상 '교육의 연속을 위해서'라는 목적의 의미이므로 전치사 для가 필요하다.

[어휘] образование 교육 / продолжение 계속, 연속
[해석] 올랴는 교육의 연속을 위해 (계속 공부하기 위해) 모스끄바에 왔다.
[정답] Г

38

문맥상 '~때문에 싸우다'의 의미이므로 원인을 나타내는 전치사 из-за + чего(2)가 적합하다.

[어휘] поссориться(СВ)-ссориться(НСВ) 싸우다, 말다툼하다
[해석] 어제 우리는 방문한 곳에서 너 때문에 싸웠다.
[정답] А

39

'~ 중에, 가운데'를 뜻하는 전치사 среди는 생격을 필요로 하므로 정답은 праздничной толпы이다.

[어휘] чувствовать себя одиноко 외로워하다 / праздничный 축제의 / толпа 군중, 무리
[해석] 축제의 무리들 가운데서 빅또르는 외로움을 느꼈다.
[정답] Г

40

'~을 빠뜨리다, 지나치다'라는 의미의 동사 пропускать는 대격을 필요로 하므로 정답은 последнюю серию이다.

[어휘] пропускать 빠뜨리다, 생략하다 / сериал 시리즈, 연속물, 연속극 / серия 연속, 편
[해석] 미안해요, 제가 서두르고 있어요, 시리즈의 마지막 편을 빠뜨리고 싶지 않거든요.
[정답] А

41

попасть + куда(4) ~에 빠지다, ~(한 상태)에 놓이다
위 동사의 1인칭 복수형 попадём 과 어울리는 표현은 '방향의 대격'이므로 в большую пробку가 어울린다.

[어휘] ожидать 기다리다, 예기하다 / пробка 혼잡
[해석] 우리는 그 시간에 큰 교통 혼잡에 빠질 것을 예기하지 못했다.
[정답] В

42

взгляд + на что(4) ~에 대한 시선, 견해

[어휘] взгляд 시선, 견해 / экономическое развитие 경제 발전
[해석] 나라의 경제 발전에 대한 학자들의 견해를 읽는 것은 흥미로웠다.
[정답] А

43

자동사 открывается가 사용되었으므로 주어 역할을 하는 명사가 필요하다.

[어휘] номер 번호, 객실 / потрясающий 강렬한, 놀랄 만한
[해석] 호텔에서 우리에게 훌륭한 객실을 주었다. 창문으로 놀랄 만한 전망이 펼쳐진다.
[정답] Б

44

превратить + кого-что(4) + в кого-что(4) ~을 ~으로 변화시키다
빈칸에 들어갈 격은 대격이므로 в настоящего мужчину가 정답이다.

[어휘] превратить 변화시키다 / робкий 소심한 / юноша 청년
[해석] 인생이 소심한 청년을 진짜 사나이로 변화시켰다.
[정답] Б

45

주어진 문장은 목적어+동사+주어의 순으로 이루어져 있으므로 빈칸에는 주격이 와야 한다. 따라서 정답은 красивая внешность이다.

[어휘] волновать 흥분시키다 / внешность 외모
[해석] 잘생긴 외모는 젊은 아가씨들을 매우 흥분시킨다.
[정답] Г

46

восхищаться + кем-чем(5) ~에 매혹되다
восхищаться는 조격을 취하는 동사이므로 정답은 его последним фильмом이다.

[어휘] восхищаться 매혹되다 / последний 최신의, 마지막의
[해석] 정말 재능 있는 감독이군요! 우리는 모두 그의 최근 영화의 매력에 빠져 있어요.
[정답] Б

47

감정 술어 부사 'кому(3) + как'의 용법이다. '~가 ~어떤 감정을 느끼고 있다'는 표현에서 감정을 느끼는 주체는 여격으로 쓴다.

[어휘] стыдно 부끄럽다 / взрослый 성인의, 어른의
[해석] 다 큰 아가씨가 그런 간단한 것들도 이해하지 못하는 것은 부끄러운 일이다!
[정답] А

48

'~의 전시회'라는 한정적 표현이므로 생격이 필요하다.

[어휘] бельё 속옷, 세탁물
[해석] 내일은 꼭 비싼 속옷 전시회를 보고 싶다.
[정답] А

49

동사 наблюдать는 за кем-чем(5)을 필요로 하므로 정답은 за этой ученицей이다.

[어휘] наблюдать за кем-чем(5) ~을 관찰하다, 유심히 보다 / будущее 미래
[해석] 나는 오랫동안 이 여학생을 보고 있다. 큰 미래가 그녀를 기다리고 있다.
[정답] Б

50

'уговорить + кого(4) ~를 설득하다'의 표현이므로 명사 대격이 필요하고, наш гость(남성 활동체)의 대격은 생격과 형태가 같으므로 нашего гостя가 정답이다.

[어휘] уговорить 설득하다 / гость (남) 손님
[해석] 우리는 손님에게 그렇게 일찍 떠나지 말라고 오랫동안 설득했다.
[정답] Г

51

'кому(3) + потребоваться ~한테 필요하다, 요구된다'의 표현이므로 명사 여격이 필요하다.

[어휘] потребоваться ~가 필요하다 / подняться 오르다 / вершина 정상 / альпинист 등산가
[해석] 정상에 오르기 위해서 이 등산가에게는 며칠이 필요하다.
[정답] В

52

문맥상 '조용한 목소리로'라는 표현이 필요하므로 도구적 수단(~으로)을 뜻하는 조격이 적합하다. 따라서 정답은 тихим голосом이다.

[어휘] спор 논쟁, 말다툼 / крик 외침 / перейти на крик 소리 지르게 되다
[해석] 논쟁 중에 모두가 소리 지르게 되었는데 보리스만 조용한 목소리로 말했다.
[정답] Г

53

'вглядываться + в кого-что(4) ~을 보다, 주시하다'의 표현이므로 대격 высокую фигуру가 정답이다.

[어휘] вглядываться 응시하다 / фигура 형태, 모습, 인물
[해석] 마뜨베이는 다른 강가에서 키가 큰 사람을 유심히 보았지만 누가 거기 서있는지 알지 못했다.
[정답] В

54

'из-под + чего(2) ~ 부근으로부터'의 표현으로 도시 이름의 생격이 필요하다. Тула는 장소를 나타낼 때 전치사 в나 из와 함께 в Тулу(뚤라로), из Тулы(뚤라에서부터) 등으로 사용된다.

[어휘] из-под (도시의) 부근으로부터
[해석] 마리야는 나에게 처음에는 꾸르스끄에서 편지를 썼고 다음에는 뚤라 부근에서 썼다.
[정답] А

55

гораздо + 비교급 구문이므로 정답은 интереснее이다.

[어휘] гораздо 훨씬 / интереснее интересный의 비교급
[해석] 이 기자는 훨씬 더 재미있게 쓰게 되었다.
[정답] Г

56

'разбираться + в чём(6) ~에 대해 충분히 연구하다, 자세히 알아보다'의 표현이므로 전치격이 필요하다. 자주 쓰이는 러시아어 표현이므로 잘 알아 두자.

[어휘] совершенно 완전히 / разбираться 충분히 연구하다, 알다
[해석] 나는 현대음악에 대해서 전혀 모른다.
[정답] В

57

'напомнить + о чём(6) ~에 대해 상기시키다, 기억시키다'의 표현으로 запланированный визит의 전치격 형태인 запланированном визите가 적합하다.

[어휘] попросить 부탁하다 / напомнить 상기시키다 / запланированный визит 계획된, 예정된 방문
[해석] 사장님은 비서에게 예정된 방문에 대해 상기시키길 부탁했다.
[정답] А

58

문맥상 접근의 표현인 '전치사 к + 여격(ближе к чему(3) ~에 가까이)'이 필요하므로 настольная лампа의 여격 형태인 настольной лампе가 적합하다.

[어휘] темнеть 어두워지다 / сесть 앉다
[해석] 어두워져서 알렉은 탁상 스탠드 쪽으로 가까이 앉았다.
[정답] Б

59

обратиться + к кому(3) + за чем(5) ~(3)에게 ~(5)의 바램, 부탁, 질문 따위를 갖고 문의하다. 따라서 빈칸에는 к Андрею Николаевичу가 적합하다.

[어휘] помощь 도움
[해석] 도움을 요청하기 위해서 우리는 안드레이 니꼴라예비치에게 문의했다.
[정답] Б

60

'отвечать + за что(4) ~에 대해서 책임지다'의 표현이므로 빈칸에는 за + 대격 형태가 필요하다.

[어휘] принятое решение 결의 / договориться 약속하다, 일치하다 / так и 도저히 (문장의 표현을 강조하기 위해서 사용함)
[해석] 우리는 누가 결의안에 책임을 질 것인지 도저히 정할 수 없었다.
[정답] В

61

в чём(6)은 옷 등을 몸에 걸치는 것을 뜻한다. 따라서 в синем платье가 정답이다.

[어휘] одеваться 옷을 입다
[해석] 스베따는 옷을 잘 입는다. 오늘 그녀는 파란 원피스를 입고 왔다.
[정답] А

62

'~하기 ~(얼마)전'이라는 표현은 за сколько / за какое время + до + чего(2)로 표현한다.

[어휘] репетиция 예행연습
[해석] 우리는 콘서트 시작 10분 전에 리허설을 끝냈다.
[정답] Б

63

'일주일 후에'라는 표현이 적합하므로 정답은 через неделю이다.

[어휘] через + что(4) ~후에(시간, 날짜의 표현) / после + чего(2) ~후에(사건, 일의 표현) /
за + что(4) ~안에(시간의 표현) / обещать 약속하다
[해석] 안똔은 일주일 후에 전화하겠다고 약속했다.
[정답] А

64

на + что (4) = на сколько времени : 행위의 기간 (계획, 미래)
문맥상 '미래의 계획으로' 차를 빌린 것이므로 на субботу가 적합하다.

[어휘] чтобы + инф. ~하기 위해서 / поехать за город 교외로 타고 가다 / взять машину 차를 빌리다
[해석] 교외로 가기 위해서 막심은 토요일에 탈 차를 빌렸다.
[정답] Г

65

조격의 시간 표현에 관한 문제이다.

> ⚠️ **여기서 잠깐!**
>
> **조격의 시간 표현 :** утро(아침) → утром(아침에) весна(봄) → весной(봄에)
> день(낮) → днём(낮에) лето(여름) → летом(여름에)
> вечер(저녁) → вечером(저녁에) осень(가을) → осенью(가을에)
> зима(겨울) → зимой(겨울에)

빈칸에는 ранняя весна의 조격 ранней весной가 적합하다.

[어휘] пока 동안에, 잠깐 동안 / во время + чего 동안에 / ранний 이른 / к ранней весне 봄쯤에
[해석] 우리는 이른 봄에 시골에 갈 것이다.
[정답] Г

66

존재 부정 생각 не было + чего(2) 문제이므로 ещё не было와, гости의 복수 생격 гостей가 적합하다.

[어휘] опаздывать 늦다, 지각하다 / гости 손님들
[해석] 5시에 손님들은 아직 없었다. 그들은 늦게 왔다.
[정답] Б

67

завидовать + кому-чему(3) ~을 질투하다, 부러워하다

[어휘] чужой 타인의 / достижение 달성, 성과
[해석] 타인의 성과에 대해서 부러워할 필요가 없다.
[정답] Г

68

вопреки + чему(3) ~에도 불구하고

[어휘] ударить 때리다, (어떤 행동이) 시작되다 / сильные морозы 심한 추위 / прогноз 예측
[해석] 모든 예측에도 불구하고 심한 추위가 닥쳤다.
[정답] А

69

восстановить + что(4) ~을 복구하다

[어휘] после + чего(2) ~후에 / ссора 다툼 / прежний 전의, 옛날의 / отношение 관계
[해석] 다투고 난 후 우리는 예전의 관계를 힘들게 회복했다.
[정답] Г

70

добиться + чего(2) (노력해서 어떤 일을) 얻다, 도달하다

[어휘] стать ~가 되다 / специалист 전문가 / успех 성공
[해석] 그는 좋은 전문가가 되었지만 인생에서 큰 성공을 달성하지 못하였다.
[정답] В

71

употреблять + что(4) ~을 쓰다, 이용하다
사물 명사의 복수형은 대격과 주격이 같으므로 грубые слова가 정답이다.

[어휘] грубый 무례한
[해석] (사람들이) 무례한 말을 사용하는 것이 나는 마음에 들지 않는다.
[정답] Г

72

обмениваться + чем(5) ~로 교환하다, 바꾸다
조격 형태를 요구하고 있으므로 свое впечатление의 복수 조격 своими впечатлениями가 적합하다.

[어휘] после 후에 / впечатление 인상, 감동
[해석] 연극 후에 우리는 친구들과 항상 자신의 인상을 나눈다.
[정답] А

73

выполнены + чем(5) ~에 의해 만들어진 것이다
выполнены는 동사 выполнить '수행하다, 만들다'의 피동형동사 복수 형태이다. 문맥상 조격 형태가 이어져 '~에 의해 만들어진 것이다'라고 해석되므로 복수 조격 русскими художниками가 적합하다.

[어휘] рисунок 그림
[해석] 이 그림들은 러시아 화가들에 의해 만들어진 것이다.
[정답] Б

74

обвинять + кого(4) + в чём(6) ~(4)을 ~(6)한 것에 대해 비난하다, 책망하다
정답은 전치사 в + 전치격이다.

[어휘] преступление 범죄, 범행
[해석] 많은 범행에 대해 이 사람을 비난했다.
[정답] В

75

начаться + с чего(2) ~에서부터 시작되다
문제에서 문장의 주어는 всё이므로 중성 과거형 началось가 적합하다.

[어휘] давний 옛날의, 오래전의 / помнить 기억하다

[해석] 이것은 오래전의 이야기다, 나는 벌써 어디서부터 모든 일이 시작되었는지 기억이 안 난다.
[정답] Г

76

주어 дипломат Максимова가 여성이므로 빈칸에 들어갈 동사는 여성 과거형이 적합하다.

[어휘] приём 환영, 접대, 리셉션(접수, 가입 등을 받는 '안내 데스크'의 의미도 갖는다) / дипломат 외교관 (여성에게도 사용함) / присутствовать 출석하다, 참석하다
[해석] 스페인 대사관 리셉션에 외교관 막시모바도 참석했다.
[정답] В

77

문맥상 '만나자마자 바로 마음에 들었다'는 의미이므로 нравиться의 완료상 과거가 필요하다.
주격이 он이므로 완료상 남성 과거형 понравился가 정답이다.

[어휘] как только 하자마자
[해석] (우리가) 만나자마자 그는 내 마음에 들었다.
[정답] В

78

'способность + инф. ~하는 능력'의 표현이므로 동사 원형이 필요하다.

[어휘] удивительный 놀라운 / выход 출구, 방책 (곤경에서 벗어나기 위한)
[해석] 그에게는 어떤 상황에도 방책을 찾아내는 놀라운 소질이 있다.
[정답] А

79

주어진 문장은 의미상 '우리가 그를 설득하지 못할까 봐 두렵다'라는 뜻으로 해석되므로 'кому (удастся) + инф.(СВ) ~에게 ~이 잘 되다 혹은 ~가 ~을 해내다' 구문으로 이해할 수 있다.

*이 문장은 미정형 동사를 사용하는 «무인칭문»이다. 미정형 동사의 무인칭문은 그 동사가 표현하는 상태나 행위의 주체를 여격으로 표시하며, 가능성이나 능력, 필연성 등을 의미한다.

[어휘] выступать 출연하다 / бояться 두려워하다, 무서워하다, 걱정하다
[해석] 막심은 파티에 출연하길 원하지 않고 있다. 우리가 그를 설득하지 못할까 봐 걱정된다.
[정답] Б

80

주어진 문장은 수동 표현의 하나로 주어(주격)가 없는 무인칭문이므로 술어적 부사 слышно가 필요하다. слышится, слышатся 역시 수동 표현이지만 주어가 있는 경우에만 사용된다.

[어휘] слышить 들리다 / детский голос 아이들의 목소리
[해석] 이 집에는 오래전부터 아이들의 목소리가 들리지 않는다.
[정답] Г

81

수동 구문이며 주어가 있는 문장이므로 주격 ряд статей와 사용할 수 있는 완료상 동사의 피동형동사 опубликован이 적합하다.

[어휘] ряд 일련, 다수 / опубликовать 발표하다 / климат 기후
[해석] 잡지에는 기후 변화에 대한 일련의 기사들이 발표되었다.
[정답] В

82

이 문장은 주격이 없는 무인칭문이다. '바람에 의해서(ветром, 행위자 표현) 나의 신문들이 날려 갔다'는 의미이며, 여기서 мои газеты는 주격이 아닌 대격이다. 무인칭 문장의 경우 동사의 인칭은 중성형을 사용하므로 정답은 унесло이다.

[어휘] унести 가지고 가다, (바람, 파도 등이) 몰고 가다 (무인칭 구문에서 사용됨)
   동사 унести가 사용된 무인칭 구문의 예:
   Лодку далёко унесло по течению. 보트가 멀리 떠내려갔다. (*течение-물의 흐름)
[해석] 내 신문들이 바람에 날아갔다.
[정답] Б

83

문맥상 '그가 지금 오지 않을까 봐 두렵다'로 해석되어 1회적 행동을 뜻하는 완료상 미래 시제가 자연스러우므로 придёт가 적합하다.

[어휘] бояться 무서워하다, 걱정하다
[해석] 벌써 늦었다. 그가 안 올까 봐 걱정된다.
[정답] Б

84

поднять(CB)-поднимать(HCB) 들어 올리다

нельзя / невозможно + CB는 '~(할 수 있으나 물리적으로) 불가능하다'는 의미의 표현이다. 따라서 완료상 поднять가 적합하다.

[어휘]   тяжёлый 무거운 / чемодан 여행 가방 / невозможно 불가능하다
[해석]   가방이 너무 무겁네! 그걸 드는 건 불가능해!
[정답]   А

85

동사 забыть (잊어버리다)는 완료상 동사와 사용된다.

[어휘]   бывать (일이) 일어나다 / посолить(CB)-солить(HCB) 소금을 치다
[해석]   자주 생기는 일이듯이 레나는 수프에 소금 치는 것을 잊었다.
[정답]   Б

86

никогда не + HCB 절대로 ~하지 않는다.
행위 자체를 부정하는 불완료상 용법이므로 불완료상 동사의 원형이 정답이다.

[어휘]   сэкономить(CB)-экономить(HCB) 절약하다
[해석]   우리 엄마는 절대로 책을 사는 데 절약하지 않는다.
[정답]   А

87

'동사 과거형 + 소사 бы (бы는 동사 앞에 와도 상관없다)'는 바람의 표현으로 사용된다.
이때 동사는 완료상을 쓰므로 пригласил이 정답이다.

[어휘]   если бы + 동사 과거시제 ~한다면(바람의 표현) / пригласить(CB)-приглашать(HCB) 초대하다
[해석]   아, 내일 안드레이가 나를 극장에 초대하면 좋을 텐데!
[정답]   А

88

войти(CB)-входить(HCB) 들어가다.
'~할 수 없다(불가능)'의 표현은 не могу+ инф.(CB)이므로, '열쇠가 없어서 들어갈 수 없다'는 완전한 불가능을 의미하기 위해서는 완료형이 적합하다.

[어휘]   мочь 할 수 있다 / забыть 잊어버리다
[해석]   나는 아파트에 들어갈 수 없다. 열쇠를 잊어버렸다.
[정답]   Б

89

반복을 나타내는 불완료상의 용법이므로 불완료상의 복합 미래 시제 будет расти가 적합하다.

[어휘]   финансирование 자금의 공급 / проект 프로젝트, 설계 / расти 성장하다. 증가하다 /
        вырасти(СВ)-расти(НСВ) 성장하다 / из года в год 해마다
[해석]   이 프로젝트의 자금 공급은 해마다 늘어날 것이다.
[정답]   А

90

러시아어 회화에서 가정을 표현하기 위해 'если (현실적, 비현실적 가정)' 대신 완료상 동사의 명령형을 사용하기도 한다. 주어진 문장은 '비현실적 가정문'으로, 'Если бы решил я быть похожим на него, у меня бы ничего не получилось'와 같은 의미이다. 러시아인들의 구어 표현으로 알아 두자. 정답은 реши이다.

[어휘]   похож(-а, -и) + на кого(4) ~와 닮다 / получиться ~ 결과가 되다 / решить(СВ)-решать(НСВ) 결정하다
[해석]   만일 내가 그를 닮기로 결정했더라면 나는 아무 일도 안 되었을 것이다.
[정답]   А

91

'не + СВ 명령형 ~하지 마(세요)!'는 우연히 발생하거나 갑자기 일어나는 일들에 대한 경고를 의미한다. 따라서 문장에서 '우연한 일에 대해 미리 경고하는' 완료형 명령형 не забудь가 적합하다.

[어휘]   билет 표 / забыть(СВ)-забывать(НСВ) 잊다, 잊어버리다
[해석]   저녁에 극장에 갈 거야. 표 잊지 마!
[정답]   Б

92

러시아어 회화에서 가정을 표현하기 위해 'если (현실적, 비현실적 가정)' 대신 완료상 동사의 명령형을 사용하기도 한다. 따라서 정답은 완료상 명령형 предупреди이다.

[어휘]   заранее 미리 / бы + 동사 과거 ~할 텐데(바람의 표현) / предупредить(СВ)-предупреждать(НСВ) 미리 경고하다, 알리다
[해석]   니나가 나에게 미리 알려주었더라면, 나도 이 프로그램을 보았을 것이다.
[정답]   Б

93

'не + НСВ 명령형'은 일상적인 금지를 나타내는 표현이다.

[어휘]   поездка 여행 (보통 짧은 여행을 의미함) / испортиться 못쓰게 되다, 망치다 /
        отложить(СВ)-откладывать(НСВ) 미루다, 연기하다
[해석]   여행을 미루지 마, 그러면 날씨가 안 좋아질 거야.
[정답]   Б

94

주어진 문장에서 부동사로 사용된 불완료상 동사와, 본 문장의 술어동사가 동시에 일어나는 행동을 의미하므로 불완료상 동사 능동형 구문이 적합하다.

[어휘]   использовать 이용하다, 사용하다 / используя 사용하면서 / натуральный 자연 그대로의 / продукты 식료품 / приготавливать 제조하다
[해석]   자연 식품만을 사용하면서 이 요구르트를 제조한다.
[정답]   А

95

'영화들을 찍고 있다'의 문장은 현재 시제이며 능동형 구문이다. 이 문장과 어울리는 동사는 '동시에 일어나는 행위'를 뜻할 수 있는 불완료상 동사의 부동사형이다.

[어휘]   снимать фильмы 영화를 찍다 / применять 사용하다, 적용하다
[해석]   요즘은 자주 컴퓨터 기술을 사용하여 영화들을 찍는다.
[정답]   Г

(문제 96~106) 표시된 부분과 유사한 의미의 표현을 고르세요.

96

완료상 동사의 부동사형이 있는 문장이므로 완료상 동사의 과거시제 изменили가 적합하다.

[어휘]   обдумать 깊이 생각하다, 숙고하다 / предложение 제안 / руководитель 지도자 (어떤 단체의 책임자, 장)
[해석]   지도자의 제안을 심사숙고한 후 우리는 프로젝트를 바꾸었다.
[정답]   А

97

문제에서 완료상 동사의 능동형동사 과거시제로 표현했으므로, 역시 완료상 능동형 과거시제인 опоздали가 적합하다.

[어휘]   рейс 노선, 항로 / опоздать(СВ)–опаздывать(НСВ) 늦다, 지각하다
[해석]   비행기에 늦은 승객들은 다음 노선을 기다려야만 한다.
[정답]   В

98

문제에서 불완료상 동사의 능동 과거형이 사용되었으므로, 역시 불완료상 능동형동사 과거형 исполнявший가 같은 뜻으로 적합하다.

[어휘]   симфония 심포니, 교향곡 / исполнить(СВ)-исполнять(НСВ) 실행하다, 연주하다
[해석]   심포니를 연주한 오케스트라는 매우 유명했다.
[정답]   Б

99

문제에서 완료상 동사의 피동형동사 과거형이 사용되었으므로 완료상 과거형 поставили가 적합하다.

[어휘]   поставить(СВ)-ставить(НСВ) 세워 놓다, (연극을) 상연하다 / Детский театр 어린이 극장
[해석]   나는 어린이 극장에서 공연되는 발레를 꼭 볼 것이다.
[정답]   Г

100

문장은 '우리가 초대한 동료들로부터 편지를 받았다'는 뜻이므로, '동료들'은 초대를 '받은' 사람들이다. 또한 주어진 문장에서 완료상 과거시제가 사용되었으므로 완료상 동사 пригласить의 피동형동사 과거형 приглашённый의 복수 생격 приглашённых가 적합하다.

[어휘]   коллега 동료 / конференция 회의 / пригласить(СВ)-приглашать(НСВ) 초대하다
[해석]   우리는 회의에 초대한 동료들로부터 편지를 받았다.
[정답]   Г

101

관계대명사를 포함하는 문장은 능동의 현재시제 동사를 사용하였고, 관계대명사절이 수식하는 명사는 본 문장에서 목적어(대격)로 쓰이고 있으므로 능동형동사 현재형의 대격 обучающего가 적합하다.

[어휘]   обучить(СВ)-обучать(НСВ) 가르치다 / рисование 그리는 것, 미술

[해석] 나는 아이들에게 그림을 가르치는 좋은 화가를 알고 있다.
[정답] Б

102

관계대명사 문장은 동사가 능동 현재시제로 사용된 불특정인칭문(부정인칭문)이다. 따라서 '~에 의해(불특정 주어) 수입되는'의 표현을 위해서는 피동형 주격 привозимый가 정답이다.

[어휘] привезти(СВ)-привозить(НСВ) (차, 배 등 운송 수단으로) 운반해 오다, 수입하다.
[해석] 아들은 특히 중국으로부터 수입하는 녹차를 좋아한다.
[정답] А

103

주어진 문장은 능동형동사 현재형 표현이므로 관계대명사 또한 능동 현재형이 적합하다. 따라서 불완료상 동사가 와야 한다.

[어휘] строго 엄격히 / водитель 운전사 / правило 규칙(보통 복수형으로 '제도적인 법규'를 의미) / наказывать 처벌하다 / нарушить(СВ)-нарушать(НСВ) (규칙 등을) 어기다, 위반하다, 파괴하다.
[해석] 법규를 어기는 운전자들을 엄격히 처벌해야 한다.
[정답] А

104

주어진 문장은 완료상 동사의 부동사 용법으로 문맥상 '원인, 이유'의 표현으로 해석된다. 따라서 이유의 표현인 'так как (~때문에)'가 가장 적합하다.

[어휘] обидеться(СВ)-обижаться(НСВ) + на кого(4) ~한테 화를 내다
[해석] 화가 났기 때문에 니꼴라이는 친구에게 전화하지 않았다.
[정답] Б

105

주어진 문장은 불완료상 부동사 용법으로 문맥상 '때, 시간'의 표현으로 해석된다. 따라서 시간의 표현 'когда (~때; 시간의 동시성 용법)'가 적합하다.

[어휘] установить(СВ)-устанавливать(НСВ) ~을 세우다, 확인하다, 정하다 / комиссия 위원회 / причина 원인, 이유 / авария 사고, 조난
[해석] 의원회는 사고의 이유를 확인하면서 공장장에게 많은 질문을 했다.
[정답] Б

106

주어진 문장은 완료상 동사의 부동사 용법으로 문맥상 '~하고 나서(시간적 표현)'로 해석된다. 따라서 순차적 시간의 용법인 после того как가 적합하다.

[어휘] цель 목적 / приход 도착 / кабинет 서재, 연구실, 집무실 / объяснить(СВ)-объяснять(НСВ) 설명하다 / в результате + чего(2) ~의 결과로 / хотя 비록 ~에도 불구하고 / при + чём(6) ~시에, 때에 / после того как ~하고 나서
[해석] 비서에게 방문 목적을 설명하고 나서 우리는 사장실로 들어갔다.
[정답] Г

ЧАСТЬ III

(문제 107~131) 보기에서 정답을 고르세요.

107

문맥상 '~동의할 것인지 아닌지' 여부를 묻는 의미이므로 조건적 선택을 나타내는 '동사 + ли'가 적합하다.

[어휘] согласиться 동의하다 / лететь 비행하다
[해석] 우리는 마르끄가 비행기로 가는 것에 동의하는지 물어보았다.
[정답] А

108

тоже와 также는 의미가 같지만 쓰임이 조금 다르다.

> ⚠️ **여기서 잠깐!**
>
> *тоже는 다른 주어가 반복될 때 사용한다.
>   예) Мы пригласили гостей, они тоже пригласили гостей.
>   (우리는 손님들을 초대했다. 그들 또한 손님들을 초대했다. → 다른 주어 사용)
>
> *также는 다음과 같은 경우 사용한다.
>   1) 주어가 문장 끝에 오면서 행위나 상태의 반복을 나타낼 때
>   예) Выступили Иванов, Петров, а также Сидоров.
>   (이바노프, 뻬뜨로프 그리고 또한 시도로프도 출연했다. → 행위의 반복)
>   2) 동일한 주어지만 술어가 다를 때
>   예) У нас были гости. Сегодня мы также пригласили гостей на обед.
>   (우리에게 손님들이 왔었다. 오늘 역시 우리는 손님들을 점심 식사에 초대했다. → 동일 주어, 다른 술어 사용)

[해석] 따냐와 같이 베라와 세르게이가 극장에 갈 것이다. 발랴도 역시 그렇게 할 것이다.
[어휘] тоже, также 역시, 또한
[정답] Б

109

문맥상 앞 문장의 내용을 더 구체적으로 표현해 주는 то есть가 적합하다.

[어휘] а именно 바로 그 / но всё-таки 그래도, 그럼에도 불구하고 / то есть 즉 / следовательно 따라서, 그렇기 때문에
[해석] 저녁 10시에 우리는 이미 자고 있었다. 즉, 형은 자고 있었고 나는 누워서 생각하고 있었다.
[정답] В

110

두 문장을 대비시키고 있으므로 однако (그러나)가 적합하다.

[어휘] предпочитать 선호하다 / также 또한 / да и (행위에 뒤따라 오는 것을 그 행위와의 관계에서) 결국, 드디어 / либо ~든지, 혹은
[해석] 집 옆에 가게가 있지만 나는 더 멀리 있는 슈퍼마켓을 선호한다.
[정답] Б

111

문맥상 여러 단어를 배열하며 사물을 열거할 때 쓰이는 то... то... то가 적합하다.

[어휘] день приезда 도착일 / несколько раз 몇 번
[해석] 마르따는 벌써 몇 번 도착일을 바꾸었다: 화요일에 오고 싶어 했다가, 수요일로 했다가, 금요일로 했다가.
[정답] Г

112

종속절에서 운동동사 приехали가 사용되었으므로 장소의 의문사 куда가 적합하다.

[어휘] городок 작은 도시 / оказаться ~인 것을 알게 되다 / довольно 충분히, 꽤 / милый 사랑스런, 좋은 (기분이 좋아지거나, 친근히 여겨지는 것에 대하여 쓰는 표현)
[해석] 우리가 도착한 작은 도시는 꽤 좋은 곳임을 알게 되었다.
[정답] А

113

문장에서 빈칸에 들어갈 부분은 뒤의 동사 закончиться와 연결되는 'закончиться + чем(5) ~으로 끝나다' 표현이고, 이 문장의 주어는 этот детектив이므로 명사의 조격 чем이 적합하다.

[어휘] догадаться 추측하다, 알아차리다.
[해석] 내 아들은 이 탐정소설이 어떻게 끝날지 바로 알아차렸다.
[정답] Б

114

문맥상 목적을 뜻하는 'чтобы + инф. (~하기 위하여)'가 적합하다.

[어휘] отметить (기념일, 명절 등)을 기념하다, 쇠다 / юбилей 기념일, 기념 축하회
[해석] 아버지는 자신의 기념일을 함께 축하하기 위해 손님들을 초대하셨다.
[정답] Г

115

문맥상 목적을 뜻하는 'для того чтобы + инф. (~하기 위하여)'가 적합하다.

[어휘] выполнить 수행하다 / просьба 부탁 / выполнить просьбу 부탁을 들어주다
[해석] 세르게이는 형의 부탁을 들어주기 위해 아는 사람한테 갔다.
[정답] В

116

문맥상 빈칸은 조건절로 연결되는 것이 자연스럽다. раз는 조건('만약 ~라면')을 표현하며, 구어에서 자주 사용된다.

[어휘] обещать 약속하다 / благодаря тому что ~덕분에 / хотя 비록 ~할지라도
[해석] 만약 딸과 동물원에 가겠다고 약속했으면 넌 가야 해.
[정답] Г

117

문맥상 빈칸에는 '~없이'를 뜻하는 전치사 без + чего(2)가 적합하다. '동사 과거형 + бы'는 바람, 기원의 표현으로 사용한다.

[어휘] найти 찾다 / совет 충고, 조언 / благодаря + чему(3) ~덕분에 / в случае + чего(2) ~의 경우에 / в результате + чего(2) ~의 결과
[해석] 너한테 고마워, 네 충고가 없었더라면 그런 좋은 일은 못 찾았을 거야.
[정답] А

118

문맥상 '~하기 전에'의 표현이 빈칸에 들어가야 자연스럽다.

[어휘] проверить 확인하다, 검사하다 / в то время как 할 때, 그 때 / перед тем как 전에 / после того как 후에 / на месте 제자리에

[해석] 집에서 나가기 전에 나는 다시 한 번 서류들이 제자리에 있는지 확인했다.

[정답] В

119

문맥상 '아직 부모님이 오시기 전에'가 빈칸에 들어가는 것이 자연스러우므로 'пока не + инф. (~하기 전에)' 가 적합하다.

[어휘] устроить вечеринку 파티를 열다 / пока не 아직 ~않다 / пока 동안, 때 / прежде чем ~하기 전에 / с тех пор как ~한 때부터

[해석] 우리는 부모님이 오기 전까지 파티를 열고 춤췄다.

[정답] А

120

문맥상 빈칸에 '~ 후로, 그때 이후로'의 시간 표현이 자연스러우므로 'с тех пор как (~한 때부터)'가 적합하다.

[어휘] утечь (물, 세월 등이) 흘러가다 / много воды утекло 많은 세월이 흘렀구나 / расстаться 헤어지다 / в то время как ~할 때 / с тех пор как ~한 때부터

[해석] 우리가 헤어진 이후로 많은 시간이 흘렀구나.

[정답] Г

121

문맥상 'бояться как бы не + 동사 과거 (~하지 않으면 좋으련만)'의 표현이 적합하다.

[어휘] простудиться 감기에 걸리다

[해석] 오늘은 춥다. 아들이 감기에 안 걸리면 좋으련만.

[정답] Б

122

'чтобы + 동사 과거'의 용법 중 하나로 불가능, 금지 등의 표현이다. 따라서 невозможно와 чтобы + 동사 과거가 적합하다.

[어휘] невозможно 불가능하다 / представить 상상하다 / ошибиться 실수하다 / как будто 마치 ~인 듯 하다

[해석]   올가가 실수하는 것을 상상하는 것은 불가능하다.
[정답]   Б

123

문맥상 'так/такой, что + 문장 (~할 만큼 ~하다)'의 표현이므로 что가 적합하다.

[어휘]   крик 외침 / неожиданный 의외의, 뜻밖의 / вздрогнуть 몸을 떨다
[해석]   외치는 소리는 모두 (놀라서) 몸을 떨 만큼 뜻밖이었다.
[정답]   Г

124

123번 참조

[어휘]   сразу 단번에, 즉시 / запомнить 기억하다
[해석]   소년은 모든 가사를 단번에 기억할 만큼 그렇게 주의 깊게 노래를 들었다.
[정답]   А

125

문맥상 빈칸은 앞에 있는 такие дни와 시간 접속사 когда로 연결되어야 한다.

[어휘]   чувствовать себя не в своей тарелке 어색하고 불편하게 느끼다
[해석]   어색하고 불편하게 느껴지는 날들이 생긴다.
[정답]   В

126

문맥상 'как ни + 동사 과거 (아무리 ~할지라도)' 표현이 적합하다.

[어휘]   поверить 믿다 / стараться 노력하다 / убедить 설득하다
[해석]   우리는 빅또르를 믿지 않았다, 아무리 그가 우리를 설득하려고 애써도.
[정답]   В

127

문맥상 두 문장이 원인 결과의 관계로 이어지므로 'так что (그래서)'가 적합하다.

[어휘]   рейс 노선 / отложить 연기하다 / постольку ~만큼 ~이니까 / поскольку ~만큼 ~때문에 / так как 때문에

[해석] 며칠 동안 짙은 안개가 계속되고 있었다. 그래서 모든 노선이 (다른 날로) 연기되었다.
[정답] A

128

문맥상 'настолько A что B (B할 만큼 그렇게 A하다)' 표현이 가장 적합하다.

[어휘] как пролетело время 시간이 어떻게 흘렀는지
[해석] 우리는 시간이 어떻게 흘렀는지 알아차리지 못할 만큼 그렇게 즐거웠다.
[정답] B

(문제 129~131) 굵게 표시된 부분과 비슷한 의미의 표현을 고르세요.

129

문제에서 표시된 부분은 원인, 이유의 구문이므로 원인 관계의 потому что와 의미가 통한다.

[어휘] отпуск 휴가 / уход за больным 환자의 간호
[해석] 따냐는 아픈 아기를 간호해야 했기 때문에 휴가를 냈다.
[정답] Г

130

'전치사 за + чем(5)' 표현은 'во время чего(2) ~하는 시간에(동안에)'와 같이 시간의 경과, '~할 때'를 뜻하므로 시간의 접속사 когда와 의미가 일치한다.

[어휘] разговор 대화 / бежать 달리다
[해석] 대화하는 동안에는 시간이 항상 빨리 간다.
[정답] Б

131

주어진 문장에서 전치사 на는 목적을 뜻하므로 전치사 для와 의미가 같다. 또한 전치사 для와 동사를 연결하기 위해서는 для того чтобы를 사용하며, 연결되는 두 문장의 주어가 같으므로 동사는 원형을 사용한다.

[어휘] спасатель 구조자 / вылететь (날아서) 출발하다 / помощь 도움 / терпящий бедствие 재해를 입은(사람)
[해석] 구조대원들은 재해를 입은 사람들을 돕기 위해 출동했다.
[정답] Г

ЧАСТЬ IV

(문제 132~140) 공식-사무적인 문서(제출서)인 지문을 읽으세요. 알맞은 답안을 고르세요.

132

공식적인 제출서에 적합한 형식을 찾아야 하며 '존경하는, 사랑하는' 등의 표현은 일반 편지글에 사용되는 표현이므로 사무적인 제출서에 적합하지 않다.

[어휘] господин 님, 씨(성이나 직위에 붙임) / начальник 책임자, 장 / отдел 부, 과 / продажа 판매 / товарищ 동지 (소련 시절 널리 사용된 호칭)

[해석] (A) 존경하는 부장님께
(Б) 판매부 부장님께
(В) 소중한 판매부 부장님께
(Г) 판매부 부장 동지께

[정답] Б

133

132번과 함께 'начальнику отдела продаж + чего(2)' 표현이 되므로 생격이 적합하다.

[어휘] хлебозавод 빵 공장 / Воронеж 돈강 가까이 있는 러시아의 도시 이름

[해석] (A) 보로네쥐 4번 빵 공장의 이바노프 П.П.에게
(Б) 보로네쥐 4번 빵 공장에 있는 이바노프 П.П.에게
(В) 보로네쥐에 있는 4번 빵 공장의 이바노프 П.П.에게
(Г) 보로네쥐에 있는 4번 빵 공장에 있는 이바노프 П.П.에게

[정답] A

134

주어진 제출서에서 작성자는 여성이지만 старший продавец로 표현하며, 'от кого(2) ~로부터'로 표현해야 하므로 от старшего продавца가 적합하다.

[어휘] старший 나이가 더 많은, 지위가 위인 / продавец 판매원 / продавщик(남)-продавщица(여) 판매원(좀 더 회화적인 표현으로 쓰인다.)

[해석] (A) 선임 판매원 동지 미하일로바 А.В.로부터
(Б) 선임 여 판매원 미하일로바 А.В.로부터
(В) 선임 판매원 미하일로바 А.В.로부터
(Г) 선임 판매원 미하일로바 А.В.의

[정답] В

135

공식-사무적인 제출서 형식에는 'Прошу вас (부탁합니다)'의 표현을 관용적으로 사용한다.

[어휘] просить(НСВ)-попросить(СВ) 부탁하다
[해석] (А) 부탁할 것입니다.
(Б) 부탁합니다.
(В) 부탁 좀 드리고 싶습니다.
(Г) 꼭 부탁 드립니다.
[정답] Б

136

특별 휴가의 사용을 허락해 달라는 공식적인 문서의 표현으로 'предоставить + что(4) (사용을 허락하다, 허용하다)'가 적합하다.

보기의 내용은 다음과 같다.

(А) 특별 휴가를 내주다.
(Б) 특별 휴가를 주다
(В) 특별 휴가를 허락하다.
(Г) 특별 휴가 사용을 허락하다.

[어휘] выдать 내주다, 발행하다 / разрешить 허락하다 / предоставить 맡기다, 위임하다 / внеочередной 순번 외의, 특별한
[정답] Г

137

공식적인 문서에서 '~부터 ~까지의 기간'은 'с какого числа(2) по какое число(4) (날짜, 요일 표현)'을 사용하므로 с 5 по 19 апреля가 적합하다.

보기의 내용은 다음과 같다.

(А) 4월 5일에서 19일까지(19일 포함)
(Б) 공식적인 문체에서 사용하지 않는 표현이다.
(В) 잘못된 표현이다.
(Г) 4월 5일에서 19일을 예정으로 (미래의 계획을 표현)

[정답] А

138

по семейным обстоятельствам 집안 사정 때문에

공식적인 문서에서는 원인을 뜻하는 '전치사 по + чему(3)'가 일반적으로 사용된다.

[어휘] причина 원인 / обстоятельство 사정, 상황 / благодаря 덕분에
[정답] Г

139

러시아어에서 날짜는 '날짜 월 연도'의 순서로 적는다. 따라서 28 марта 2007 г.가 적합하다.

[정답] В

140

역시 공식적인 제출서에서 사용되는 형식에 대한 문제이다. 공식 문서의 끝에서는 간단히 이름만 쓰므로 보기 (A)가 적합하다.

(A) 미하일로바 A.B.
(Б) 미리 감사드립니다. 미하일로바 A.B.
(В) 감사드리며 A.B. 미하일로바
(Г) 존경을 표하며 미하일로바 A.B.

[어휘] заранее 미리 / благодарна 감사 드립니다 / с благодарностью 감사드리며 / с уважением 존경을 표하며
[정답] A

(문제 141~145) 책의 주석을 읽고 바른 답을 고르세요.

141

являться + чем(5) ~이다
빈칸에는 완료상 동사의 피동형동사 과거 조격 형태가 적합하다.

[어휘] издание 출판물, 판 / переработать 가공하다, 전부 완성하다 / путеводитель 여행 안내서
[해석] 책 «나는 이 도시를 사랑한다»는 «끄레믈에서 사도보이까지»라는 여행 안내서의 완성판이다.
[정답] Г

142

'знакомить + с кем(5) (~와 소개시키다)'의 표현이므로 빈칸에는 조격이 필요하며, 앞에 있는 명사 местами를 한정할 성분이 필요하다. 따라서 '위치한'이라는 뜻을 갖는 피동형동사 과거형 расположенный의 조격 расположенными가 적합하다.

[어휘] памятный 기념할 만한 / расположить 배치하다
[해석] 그녀는 모스끄바 전체에 있는 관광 명소들을 소개시켜 주었다.
[정답] Б

143

주어진 문장은 서술어를 필요로 하며, 예시 답안은 모두 형동사이다. 형동사의 단어미형은 서술적 용법으로 사용할 수 있으므로, 문맥상 이 문장에 적합한 의미의 형동사 неисчерпаемый의 단어미형 неисчерпаем이 정답이다.

[어휘] список 목록, 일람표 / неисчерпаемый 무한한 / исчерпать 다 써버리다
[해석] 수도의 관광 명소의 목록은 무한하다.
[정답] Б

144

빈칸에는 명사 подробности를 한정하는 피동형동사 과거형 связанные(연결된)가 적합하다.

[어휘] читатель 독자 / подробность 상세한 것 / бывший 예전의 / дачный 별장의 / Подмосковье 모스끄바 근교 / связать 연결하다
[해석] 독자는 예전 모스끄바 근교의 별장 장소들과 관련된 흥미로운 상세 정보도 알게 될 것이다.
[정답] В

145

수동 행위를 뜻하는 러시아어 문장에서 행위의 주체는 조격으로 표현된다. 따라서 воображением과 연결될 피동형동사 과거형 созданных(만들어진)가 적합하다.
'связанный + с + чем(5) (~와 관련 있는)'은 자주 사용되는 표현이므로 외워 두는 것이 좋다.

[어휘] предлагать 제안하다, 제공하다 / адреса 주소들(복수) / воображение 상상 / создать 만들다, 창조하다
[해석] 책은 독자들에게 작가들의 많은 주소들과, 그들의 상상에 의해 만들어진 문학 주인공들의 주소들을 제공하고 있다.
[정답] Г

(문제 146~150) 본문을 읽고 신문-언론 문체에 상응하는 답을 고르세요.

146

문맥상 'пройти (때, 상태, 사건 등이) 지나가다'가 신문 등에서 쓰이는 문어 표현에 가장 적합하다.

[어휘] крупнейший 가장 큰 규모의(최상급) / иметь место 자리를 차지하다 / случиться (사건, 일 등이) 일어나다

[해석] 1월에 베를린에서 최대 규모의 전시회 «푸른 한 주»가 있었다.

[정답] А

147

보기에서 'были представлены ~가 제시(제공)되었다'가 공식적인 문체에 가장 적합하다. 동사 выставить는 '단순히 눈에 잘 보이게 앞으로 내놓는다'는 의미이므로 주어진 문장의 문체에는 적합하지 않다.

[어휘] экспонат 진열품, 전시품 / представить 제출하다, 내어 놓다 / выставить (앞으로, 눈에 띄는 곳으로) 내놓다

[해석] 박람회에서 세계 53개국의 전시품들이 전시되었다.

[정답] В

148

동사 отметить(연설, 발표 등을 말하다)가 이 문장에서 필요한 '(공식적으로) 연설하다'에 가장 적합한 표현이다.

[어휘] министр 장관 / сельское хозяйство 농업 / РФ (Российская федерация) 러시아 연방 / рассказать 이야기하다 / сказать 말하다 / объявить 공고하다, 알리다

[해석] 전시회를 열면서, 러시아 연방 농업부 장관은 러시아는 지금 높은 기술을 보여 주고 있다고 연설했다.

[정답] В

149

문맥상 'заключить контракт (계약을 체결하다)'가 가장 적합한 표현이다.

[어휘] предприятие 기업 / сумма 금액 / договориться 약속하다 / подписаться 서명하다 / согласиться 동의하다

[해석] 전시회장에서 러시아 기업들은 5백만 유로의 계약을 체결하였다.

[정답] Б

150

문맥상 공식적인 표현으로 가장 어울리는 것은 'по итогам переговоров (회담의 결과)'이다.

[어휘]　итог 총액, 결과 / принято решение 결정이 내려지다 / сотрудничество 협력 / разговор 대화
[해석]　회담 결과 협력 증진에 관한 결정이 내려졌다.
[정답]　Г

Субтест 2. ЧТЕНИЕ (읽기)

〈테스트 중 지켜야 할 사항〉

- 시험 시간은 60분입니다.
- 시험은 두 부분, 3개의 텍스트와 텍스트에 대한 문제로 이루어져 있습니다.
- 텍스트를 다 읽은 후 과제를 파악하고 알맞은 답안을 고르세요.
  정답이 되는 알파벳을 골라 답안지에 표시하세요.

  예를 들면:

   (Б – 정답)

  답을 수정할 경우, 아래와 같이 고치세요.

   (В – 오답, Б – 정답)

- 2부 문제를 풀 때에는 러시아어 사전을 사용할 수 있습니다.

ЧАСТЬ I

[문제 1~8 유의 사항]

- 본문이 제시됩니다.
- 여러분의 과제는 본문을 읽고 본문 뒤에 주어진 문장들을 완성하는 것입니다. 정답을 골라 답안지에 기입하세요.

(문제 1~8) 본문 1과 본문 뒤에 주어진 문장들을 읽으세요. 지시 사항을 따라 문제를 푸세요.

[지문 1 해석]

　자라이스끄는 모스끄바 근교의 고대 도시들 중 하나로, 마땅히 러시아 문화 유적으로 인정받았다. 이 도시가 최초로 연대기에 언급된 시기는 1146년이지만, 이 기록이 확실한가에 대해서는 자주 의심을 사고 있다. 몽골 따따르 침략기, 즉 (1146년보다) 거의 100년 가량 늦은 시기에 이 도시가 존재했었다고 이야기하고 있는 고고학 연구 결과가 더 믿을 만하다.

　자라이스끄 땅의 역사는 고고학 및 건축 기념물, 민요, 단편소설, 수많은 전설 등의 형태로 우리에게 전해져 왔다.

　오늘날까지 자라이스끄의 옛 지역은 그 역사적 형태를 보존하고 있다. 도시를 거닐다 보면, 수많은 귀중한 러시아의 역사 유적들에 놀랄 것이다. 끄레믈, 수많은 교회, 거상들의 집 등 이 모든 것들은 우리 민족의 유산이다. 이러한 유적들 없이는 우리의 역사도, 우리의 문화도, 우리 자신도 없는 것이다. 하지만 유적들뿐만 아니라, 그 상태도 놀랍다. 끄레믈은 폴란드 군대의 강습을 견뎌냈지만, 현재는 가장 무서운 적인 시간으로부터 스스로를 보호하지 못하고 있다. 우리의 눈에서 사라져 가고 있는 이 초고대 유적은 외견상으로는 그 위력을 보여주고 있지만, 안으로 들어가 보면 내부에서 벽이 무너지는 등 현재 일어나고 있는 일의 끔찍함을 이해하게 될 것이다. 사실 지방 역사 박물관의 직원들은 온 힘을 다해 도시의 외형을 보존하려고 노력하고 있다. 이 박물관은 그 스스로 교회 건물을 보존하면서 그 안에 위치해 있다.

하지만 도시에는 개조된 건물들도 있다. 그 수가 많지는 않다. 만일 여러분이 그런 건물을 보게 된다면, 그것은 개인의 상점이거나 자그마한 집일 것이다. 아, 또 자라이스끄 시내 중심에는 연보라색의 개조된 건물이 있는데, 이것은 장례서비스센터이다.

현지 주민들과 얘기를 나누다 보면, 이 도시의 삶을 더 잘 이해하게 될 것이다. 즉, 주민들은 노령화되고 있으며 젊은이들은 대도시들로 나가려고 하고 있다. 일자리는 줄어들고 있으며, 일자리가 있는 사람들 역시 상황이 매우 좋은 것은 아니다. 임금이 최저생계비를 겨우 넘는 수준이기 때문이다. 자라이스끄는 차도에서 떨어진 곳에 위치해 있어 관광산업이 매우 낙후되어 있다.

(잡지 «학문과 인생» 자료 중)

[어휘]
признать 인정하다 / летописный 연대기적인 / упоминание 언급 / относиться + к чему(3) ~과 관련하다 / достоверность 신빙성, 확실성 / подвергаться + чему(3) 당하다 / сомнение 의심 / археологический 고고학적 / нашествие 내습, 침입 / фольклорная песня 민요 / облик 외견, 겉보기 / бесценный 귀중한 / купеческий 상인의 / выдерживать 견디다, 참다 / натиски (군대의) 강습 / в силах ~할 힘이 있다 / внешне (부사) 외견상 / мощь 지배력, 위력 / краеведческий 지지학의 / сотрудник 직원, 협력자 / отреставрировать (고대미술품 등)을 수리하다 / коттедж 작은 집 / сирень 라일락 / похоронный 장례식의 / стареть 늙다 / перебраться 옮기다, 넘다 / переваливаться (어떤 장소를) 넘다, 옮기다 / едва 겨우 / прожиточный минимум 최저생계비 / в стороне от чего(2) ~로부터 떨어진 곳에 / трасса 도로, 차도

1. 도시 '자라이스끄'는 _____ 흥미롭다.

(А) 러시아 고대 도시 중에 하나여서
(Б) 이 도시와 매우 많은 전설이 얽혀 있어서
(В) 민족문화의 유적이어서

[정답] В

2. 작가는 자라이스끄에 _____ 사람들이 살게 되었다고 추측하고 있다.

(А) 이미 10세기 전부터
(Б) 12세기에
(В) 13세기에

[정답] В

3. 도시에 온 본문의 글쓴이는 _____ 놀랐다.

    (А) 수많은 개조 건물에
    (Б) 역사적인 가치를 대변하는 많은 집들에
    (В) 끄레믈의 상태에

[정답]   B

4. 글쓴이는 기념물들의 보존이 _____ 중요하다고 여긴다.

    (А) 민족 자의식의 형성에
    (Б) 자국의 역사 연구에
    (В) 앞으로의 문화 발전에

[정답]   A

5. 끄레믈은 _____ .

    (А) 세월이 지나면서 무너지고 있다
    (Б) 지금도 자신의 위력으로 감동을 준다
    (В) 지방 역사 박물관의 직원들에 의해서 보존되고 있다

[정답]   A

6. 글쓴이는 개조된 건물들에 대해서 _____ 말하고 있다.

    (А) 놀라면서
    (Б) 만족스러워하면서
    (В) 비애에 차서

[정답]   B

7. 자라이스끄에서 일하는 사람들의 월급은 _____ .

    (А) 최저생계비와 같다
    (Б) 최저생계비를 훨씬 넘는다
    (В) 최저생계비를 조금 넘는다

[정답]   B

8. 관광객들은 이 도시를 거의 방문하지 않는다. _____ 때문이다.

    (А) 역사적인 유적들이 상태가 나쁘기

(Б) 도시를 통하는 큰 도로가 없기
(В) 자라이스끄에는 재밌게 볼 것이 적기

[정답]   Б

[문제 9~15 유의 사항]

• 본문이 제시됩니다.
• 여러분의 과제는 본문을 읽고 본문 뒤에 주어진 문장들을 완성하는 것입니다. 정답을 골라 답안지에 기입하세요.

(문제 9~15) 본문 2와 본문 뒤에 주어진 문장들을 읽으세요. 지시 사항을 따라 문제를 푸세요.

[지문 2 해석]

나는 서점에 다니는 것을 좋아한다. 주위에 읽을 것들이 얼마나 풍부한가!
며칠 전 나는 소도시, 이를테면 내 고향인 모스끄바 근교의 도시에서는 무슨 책을 팔고 있는지를 확인해 보기로 했다. (한 서점에) 들러 보았다. 굉장히 작은 서점인데다 점원도 고작 한 명이었다. 사람은 아무도 없었다. 책의 선별은 현재의 수요를 반영한다. 상품의 절반은 교과서와 학교 교재, 그리고 온갖 문구류들이었다. 그리고 20% 가량은 오이 절이는 방법, 살 빼는 방법 등에 관한 다양한 '실용' 서적들이었다. 그 다음으로는 (초중고) 학생들에게 필요한, 게다가 훌륭하게 출판된 러시아 고전문학이 있었고, 끝으로 똘스따야와 울리쯔까야라는 단 두 명의 여성작가로 초라하게 대변되는 현대문학이 있었다. 하지만 (한편에는) 숙신과 벨로프도 있었다.
코난 도일, 듀마, 이반 예프레모프의 작품 등 젊은 독자들이 좋아할 만한 것들도 있었다. 30년 전에 이런 서점에 와봤다면 얼마나 좋았을까!
그리고 드디어 어떤 현대 작가가 쓴 '세 번째 호흡'이라는 책이 내 손에 잡혔다. 그리고 마침 세 번째 호흡이 바로 지금 우리 출판계에 생겨났다는 사실이 머리 속에 떠올랐다.
90년대 초에는 서구 문학 번역, 즉 타국 문학의 물결이 우리를 예속시킬 것이라고 여겨졌다. 하지만 90년대 중반 불현듯 '두 번째 호흡'이 나타나게 되었다. 정말이지 모양새가 그리 좋지는 않았다. 러시아의 탐정소설이 서구의 반대자들(서구 문학)은 물론, 나머지 모든 것들까지 그야말로 '싹쓸이'해 버린 것이다.
그리고 '세 번째 호흡'이 도래했다. 불과 얼마 전까지만 하더라도 그 누가, 발행 부수가 적긴 하지만 그렇게 많은 양의 역사, 정치학, 현대 철학 관련 서적들이 출판될 것이라고 믿었겠는가? 이런 서적에는 러시아의 생생한 사고가 넘쳐흐르고 있다.
나는 이렇게 다양한, 하지만 심각한 책을 사람들이 과연 읽는지 점원에게 물었다.
"(그런) 책들을 (사람들이) 사 갑니다. 이익도 보고 있고요. 손해를 봤다면 서점이 유지될 수가 없었겠지요."
우리의 현대 삶에는 거의 아무도 얘기하지 않는 하나의 경향이 있다. 진지한 독자는 이미 신문이나 텔레비전을 그다지 신뢰하고 있지 않으며 정보를 직접 얻으려고 한다는 점이다. 바로 여기에서 진지한 문헌(서적)에 대한 관심이 비롯되는 것이다. 역사 관련 서적을 저술한 저자는 장편소설을 쓴 저자보다 책을 출판할 기회가 훨씬 더 많다.
지각 있는 러시아인들은 (무언가에) 열중하고 있다. 즉 진지한 책을 읽는 것이다. 모든 서점 구석구석

이 낙천적인 글쓰기를 좋아하는 돈쪼바의 책으로 가득 차있다는 사실은 중요하지 않다. 역사를 만드는 이들은 돈쪼바의 작품과 같은 류의 책을 읽은 사람들이 아니다.

(알렉산드르 사모바로프의 글 중)

[어휘]

на днях 며칠 전에 / невеликий 크지 않은 / убогий 가난한, 초라한 / некоего 어떤(некий의 생격) / дыхание 호흡 / поработить 예속시키다, 노예로 만들다 / буквально 문자 그대로 / смести 쓸어내리다 / заодно 공동으로, 함께 / пусть ~하게 하라, ~하게 내버려 두다 / тираж 발행 부수 / биться 넘쳐흐르다 / мысль 사고, 생각 / прибыль 이익 / убыток 손해 / продержаться 머물러 있다, 유지되다 / тенденция 경향, 추세 / намного (구어체에서 비교급을 수식하는 말) 훨씬 / сосредоточиваться 집중되다 / завалить 가득 채우다 / угол 모서리, 구석 / графоман 다작을 즐기는 사람, 글쓰기 애호가

*지문에 사용된 '두 번째 호흡', '세 번째 호흡'이란 시대의 새로운 물결, 즉 원래 있던 것을 다시 리메이크하거나 새롭게 하여 원래의 것보다 더 깊은 감명을 주거나 더 힘이 생기게 하는 것을 뜻한다. (편집 주)

9. 이 기사의 글쓴이는 서점에 다니는 것에서 만족감을 얻고 있다. 왜냐하면 _____ .

(A) 그는 책 읽는 것을 좋아하기 때문이다
(Б) 그는 자주 책을 사기 때문이다
(В) 현재 서점에는 고를 만한 좋은 책들이 있기 때문이다

[정답] A

10. 글쓴이는 _____ 모스끄바 근교 소도시의 서점에 가기로 결심했다.

(A) 책 '세 번째 호흡'을 사기 위해서
(Б) 팔리고 있는 책들의 종류를 보기 위해서
(В) 점원에게 그가 궁금해하는 질문을 하기 위해서

[정답] Б

11. 글쓴이가 보기에 이 서점에서 현대예술문학은 _____ .

(A) 제한적으로 갖춰져 있다
(Б) 거의 갖춰져 있지 않다
(В) 폭넓게 갖춰져 있다

[정답] A

12. 글쓴이는 _____ 을(를) '두 번째 호흡'으로 보고 있다.

    (А) 번역문학의 폭넓은 보급
    (Б) 서점에 다양한 문학 작품이 존재하는 것
    (В) 러시아 탐정소설의 우세

[정답] В

13. 글쓴이는 '세 번째 호흡' 책을 누가 썼는지 언급하고 있지 않다. 왜냐하면 _____ .

    (А) 작가의 이름은 모든 사람들이 알고 있다고 생각하기 때문이다
    (Б) 이것이 중요하다고 여기지 않기 때문이다
    (В) 그 작가의 작품에 부정적인 입장이기 때문이다

[정답] Б

14. 기사의 글쓴이는 _____ 여긴다.

    (А) 돈쪼바의 책들은 낙관적이라고
    (Б) 돈쪼바 소설이 인기를 끌고 있는 것이 징후적이라고
    (В) 돈쪼바의 소설이 진정한 문학작품이 아니라고

[정답] В

15. 글쓴이의 견해로 볼 때, 출판계가 처한 상황은 _____ 을 증명하고 있다.

    (А) 러시아에 진지한 저자들이 지나치게 적음
    (Б) 지각 있는 독자들의 수가 증가하고 있음
    (В) 출판사는 여전히 소설을 선호함

[정답] Б

ЧАСТЬ II

[문제 16~25 유의 사항]

- 문학작품의 한 부분이 제시됩니다.
- 여러분의 과제는 본문을 읽고 본문 뒤에 주어진 문장들을 완성하는 것입니다. 정답을 골라 답안지에 기입하세요.
- 러시아어 사전을 사용할 수 있습니다.

(문제 16~25) 본문 3과 본문 뒤에 주어진 문장들을 읽으세요. 지시 사항을 따라 문제를 푸세요.

[지문 3 해석]

안찌뽀바와 작곡가는 같은 요양원에서 쉬고 있었다.
"좋은 아침입니다. 잘 지내시지요?" – 어느 날 작곡가가 인사를 했다.
"안 좋아요"라고 말하면? 뭐가 달라질까? 안찌뽀바는 이렇게 대답했다.
"고맙습니다."
"까잔쩨프씨와는 무슨 관계십니까?"
작곡가는 갑작스럽게 물었다. 까잔쩨프는 나라의 모든 음악제를 주도하는 이였다.
"아무 관계로 아닌데요."
안찌뽀바는 놀랐다. 그녀는 차이꼽스끼나 비제의 음악에 맞춰 춤을 추곤 했었다. 하지만 이들은 까잔쩨프의 지도를 받은 이들이 아니었다.
"좋은 관계라는 말씀이시죠? 오늘 이리로 오실 겁니다. 사모님과 함께요. 당신도 오시지요."
"아니 왜요?"
안씨뽀바는 놀랐다.
"같이 앉아서 꼬냑이나 마시자고요."
안찌뽀바는 여유로움과 안정을 원했다. 그녀는 불필요한 초대에는 응하지 않기로 스스로 규칙을 정해 놓았다. 하지만 불현듯 생각이 바뀌었다. 바다와 책, 외로움 말고 무언가를 더 원했다. 예쁘게 치장을 하고 등이 훤히 드러나는 과감한 드레스가 입고 싶어진 것이다. 어디로 갈지, 누구와 앉아 있을지는 중요하지 않다. 중요한 것은 그녀가 혼자가 아니며 삶은 계속된다는 것이다... 안찌뽀바는 거울 앞에 다가섰다. 그녀는 스물 일곱 나이로 보였다.
이때 문을 두들기는 소리가 났다. 안찌뽀바는 문을 힘차게 열어젖히고는 작곡가가 뒷걸음을 칠 정도로 위협적으로 치장한 자신의 모습을 드러냈다.
"그게 말이지요... 안 되겠습니다. 사람들이 너무 많이 왔습니다."
"그래서요?"
안찌뽀바는 이해할 수가 없었다.
작곡가는 괴로우리만큼 입을 꾹 다물고 있었다.
"앉을 자리가 없는 건가요?"
안찌뽀바가 먼저 말을 꺼냈다.
"예, 맞습니다. 바로 그 말씀입니다."
다시 말해, 자리가 모두 찼기 때문에 그녀를 데려갈 수 없다는 얘기다. 하지만 안찌뽀바는 다르게 이해했다. 즉, 까잔쩨프가 아내와 함께 왔고 사람들이 벌떼같이 모여있지 않은 상황에서 작곡가는 기뻐하며 이렇게 말했을 것이다.
"그런데 제가 앞 방에 묵고 있는 한 여자를 초대했습니다. 발레리나라더군요. 아주 귀여운 여인이지요."
그러자 그 아내라는 사람은 남편에게 이렇게 요청했을 것이다.
"모르는 사람들 없이 우리끼리만 앉아요. 우린 사람들 때문에 너무 지쳤잖아요."
안찌뽀바는 문을 닫았다. 만약 그녀가 업무상, 그리고 남편과 함께 있었더라면, 그런 취급을 받지 않았을 것이다. 그녀는 마치 구정물에 내팽개쳐진 상자가 된 듯한 기분이었다. 그녀는 이렇게 예쁜 드레스를 입고 곱게 화장을 한 얼굴로 이제 무엇을 해야 할지 알 수가 없었다. 결국 그 모습 그대로 그녀는 식당으로 갔다.
식당에서는 모든 사람들의 시선이 그녀에게 쏠렸다. 약간의 질투와 감탄의 기운이 흘렀다. 안찌뽀바는 그런 기운을 피부로 느꼈다. 그녀가 식당 밖으로 나서자 바로 그곳에 작곡가가 있었다.
"어떻게, 꼬냑은 드셨나요?"
안찌뽀바는 무심하게 물었다.

"아... 술이 안 넘어가네요. 그렇게 떼로 몰고 올 줄 누가 알았겠습니까?"

그는 선택된 자들의 축제에는 그녀의 자리가 없다는 사실을 재차 얘기해 주려고 왔던 것이다.

안찌뽀바는 침착하게 말했다.

"거짓말 좀 그만하세요. 사람들 따위는 없었잖아요."

작곡가의 눈은 귀신에라도 놀란 듯 휘둥그래졌다.

"어떻게 된 건지 제가 얘기해 볼까요?"

안찌뽀바는 이렇게 제안하고 말을 이었다.

"까잔쩨프씨가 부인과 함께 오셔서는 이렇게 말씀하셨을 거에요. '우리끼리만 앉읍시다.'"

침묵이 흘렀다. 안찌뽀바는 세 번째로 모욕감을 꿀꺽 삼켰다. 그녀는 작곡가가 마치 물건이라도 되는 듯 옆으로 비켜 지나가 방으로 올라갔다.

엘리베이터 근처에 이르자 작곡가의 부인이 쏜살같이 그녀에게 다가왔다.

"세상에, 까잔쩨프 부부는 정말 괜찮은 분들이더군요! 어찌나 소박하시던지! 우리와 함께 있는 걸 정말 좋아하더군요."

안찌뽀바는 이 말을 참을성 있게 들으며 깨달았다. '대단한 권세가'가 왔다는 사실을 말이다. 그리고는 이렇게 얘기했을 것이라고 말이다. '우리와 당신들. 당신들과 우리'라고... 그런데 안찌뽀바는 이들에게 있어 낯선 사람이었던 것이다. 하지만 어째서 계속해서 이것을 상기시키는 걸까?

"안녕히 주무세요."

안찌뽀바는 인사를 하고 방으로 갔다... 그러나 한 가지 이상한 점이 있다. 이들은 왜 자리를 잡고 앉지도, 꼬냑을 마시지도 않은 것일까? 왜 복도를 뛰어다니며 안찌뽀바를 붙잡은 것일까?

'오지 않았어!'

그녀는 문득 이런 생각이 들었다. 이 '대단한 권세가'는 무례하게 이렇게 말했을 것이다.

'당신들이 없어도 될 것 같군요.'

그리고 작곡가와 그의 아내는 이 사실이 알려질까 봐 걱정하고 있는 것이다. 그렇다면 이제 작곡가는 끝이라는 것을 모든 사람들이 알게 될 것이다. 그가 더 이상 설 자리가 없다는 것을 말이다.

알지도 못하는 전직 발레리나 앞에서 분주하게 굴 만큼 그들은 벼랑 끝에 서있는 것이다. 공포심이 그들을 괴롭히고 있는 것이다. 그녀는 술이라도 한 병 사 들고 작곡가에게 가서 '여러분, 한잔 하십시다'라고 하고 싶은 심정이었다.

설사 까잔쩨프가 매우 예의 바른 사람이라 할지라도, 권력을 가진 예술가들에게는 과연 어떤 공통점이 있는 것일까? 안찌뽀바는 텔레비전 화면에서 잠깐 비춰졌던 그의 얼굴을 떠올렸다.

사람들을 한데 묶어 주는 것은 모욕이 아니라, 성공이다. 모욕은 사람들을 분리시킨다. 까잔쩨프는 손님을 맞을 겨를이 없는 것이다. 권력이 그를 뒤흔들고 있는 것이다. 그가 이 시대를 살았다는 것이, 그리고 그가 그와 비슷한 다른 모든 이들처럼 살았다는 것이 무슨 죄겠는가?

안찌뽀바는 자켓을 집어 들고 강가로 갔다. 사실 결론적으로 말하자면 아무 일도 일어나지 않았다. 그녀는 정말이지 초대받은 곳에 가고 싶지 않았다. 그래서 가지 않은 것뿐이다.

(В. 또까레바의 소설 중)

[어휘]

пансионат 요양원, 휴양소 / неважный 중요하지 않은, 평범한 / раздаться (소리가) 울리다 / распахнуть 활짝 열다, (문 등)을 세게 열다 / предстать (눈앞에) 나타나다 / грозный 엄격한, 무서운 / краса 미, 아름다움 / отпрянуть 껑충 비키다 / мученически 고통스럽게 / молчать 침묵하다 / подсказать 속삭이다 / орава 다수 / посторонний 관계 없는 사람 / посметь 감히 ~하다 / обойтись + с кем(5) 대우하다, 취급하다 / помойка 구정물을 담아 두는 곳 / устремиться + куда (4) ~에 눈이 쏠리다 / струиться (물, 공기 등이) 빨리 흐르다 /

восхищение 황홀, 환희 / беспечный 무관심한 / сглотнуть 꿀꺽 삼키다 / унижение 비하, 모욕 / метнуться (기세 있게) 덤벼들다 / отлавливать 짐승이나 물고기를 잡다 / осенить (생각이) 문뜩 떠오르다 / хамить 야비,비열하게 행동하다 / обойтись + без кого(2) ~없이도 되다 / финал 끝, 결말 / пропасть 낭떠러지 / суетиться 분주하다 / мелькать 뿌옇게 흐려 보이다 / объединять 통일하다 / разъединять 분열하다 / качаться 흔들리다 / кому(3) не до того(2) ~할 겨를이 없다 / в общем 대체로, 일반적으로 / подобный + кому(3) ~에 비슷한, 유사한

16. 안찌뽀바와 작곡가는 _____ .

(А) 휴양소에서 처음 만났다
(Б) 아는 사이였지만 얼마 전에 만났다
(В) 서로를 잘 알고 있었다

[정답] А

17. 안찌뽀바와 까잔쩨프는 _____ .

(А) 일적으로 관계가 있었다
(Б) 오랫동안 친한 지인 사이였다
(В) 한번도 연락한 적이 없다

[정답] В

18. 안찌뽀바는 작곡가에게 가고 싶지 않았다. 왜냐하면 _____ .

(А) 그를 잘 몰랐기 때문이다
(Б) 수줍었기 때문이다
(В) 시간을 낭비하기 싫었기 때문이다

[정답] В

19. 안찌뽀바는 _____ 때문에 초대에 응하기로 결심했다.

(А) 궁금했기
(Б) 휴양소에 있기 무료했기
(В) 객실에서 외로웠기

[정답] Б

20. 안찌뽀바가 초대받은 곳에 가려고 했을 때, 그녀는 스스로가 _____ 느꼈다.

(А) 아주 예쁘다고
(Б) 아주 고독하다고

(В) 아주 늙었다고

[정답]   А

21. 안찌뽀바는 파티에 가지 않았다. 왜냐하면 _____ .

(А) 작곡가가 초대를 취소했기 때문이다
(Б) 거기에 사람들이 많았기 때문이다
(В) 그녀가 작곡가한테 화가 났기 때문이다

[정답]   А

22. 식당에서 사람들이 안찌뽀바를 쳐다봤다. 왜냐하면 _____ .

(А) 작곡가가 그녀를 초대했다는 것을 알았기 때문이다
(Б) 그녀가 야하게 입었기 때문이다
(В) 그녀가 자신의 아름다움으로 모든 사람들을 놀라게 했기 때문이다

[정답]   В

23. 저녁에 작곡가와 그의 아내는 _____ 몇 번씩 안찌뽀바에게 다가왔다.

(А) 다시 한 번 그녀에게 모욕을 주기 위해서
(Б) 권력이 그들과 관계를 끊었다는 것을 감추기 위해서
(В) 손님들이 매우 만족한다는 것을 말하기 위해서

[정답]   Б

24. 안찌뽀바는 실제 정황을 추측해 보고 _____ .

(А) 작곡가와 그의 아내에게 화가 났다
(Б) 작곡가와 그의 아내를 동정했다
(В) 까잔쩨프의 행동에 분개했다

[정답]   Б

25. 까잔쩨프는 작곡가의 초대에 응하지 않았다. 왜냐하면 _____ .

(А) 그는 일에 문제가 있었기 때문이다
(Б) 그는 작곡가에게 화가 났기 때문이다
(В) 권력의 대표자들은 부하에게 오지 않는 법이기 때문이다

[정답]   А

Субтест 3. АУДИРОВАНИЕ (듣기)

〈테스트 중 지켜야 할 사항〉

- 시험 시간(30–40분)은 제시된 오디오 비디오 자료를 보고 문제를 푸는 시간입니다.
- 시험은 총 25문항입니다.
- 각 부분의 청취 전에 여러분은 문제와 지시 사항을 서면으로 받게 됩니다. 정답을 골라 답안지에 표시하세요.

예를 들면:

| А | Ⓑ | В | Г | （Б – 정답）

답을 수정할 경우, 아래와 같이 고치세요.

| А | Ⓑ | ⊗В | Г | （В – 오답, Б – 정답）

- 오디오 비디오 자료는 한 번만 들려줍니다.
- 사전 사용은 허락되지 않습니다.

[문제 1~5 유의 사항]

- 문제 1~5는 대화를 청취한 후에 답하세요.
- 시험 시간은 5분입니다.

(문제 1~5) 두 사람이 만나서 하는 대화를 듣고 그에 대한 문제에 답하세요.

[녹음 원문]

– Здравствуй!
– Привет! Как дела? Что нового?
– Вот, выбрался в кои-то веки в театр. Заранее в кассе купил билет. В Интернете прочитал, что у них всегда полный зал, перед началом билетов не достать. Да и в газетах писали. А зрителей было меньше половины зала. И спектакль какой-то странный: то ли комедия, то ли мюзикл… А уж актёры! И о чём они там кричали?! Я больше половины не понял. Вот и верь после этого тому, что пишут.

[해석]

– 안녕!
– 안녕! 어떻게 지내? 뭐 새로운 일 있니?
– 오래간만에 짬을 내서 극장에 나갔어. 미리 매표소에서 표를 샀어. 인터넷에서 그 연극은 항상 공연장이 가

득 차서 연극 시작이 가까워져서는 표를 구할 수 없을 정도라는 글을 읽었거든. 그래, 신문에서도 그런 기사를 썼지. 그런데 관객이 반도 안 되는 거야. 그리고 연극이 좀 이상하더라, 코미디 같기도 하고, 뮤지컬 같기도 하고,...,그리고 배우들도! 그들이 무엇에 대해서 거기서 소리를 쳤는지?! 나는 반 이상 이해하지 못했어. 자, 봐, 공연을 보고 난 후에 기사에 대해 믿어. (즉 어떤 공연인지는 보고 나서 알 수 있다)

[어휘]
выбраться 짬을 내어 ~로 나가다 / в кои-то веки 오래간만에 / достать (구하기 어려운 것)을 구하다, 손에 넣다 / то ли ~도 ~도 (단어를 나열할 때 사용)

1. 말하는 이는 _____ 극장에 간다.

   (А) 매우 드물게
   (Б) 가끔
   (В) 자주

[정답] А

2. 말하는 이는 표를 _____ 샀다.

   (А) 연극 시작하기 전에
   (Б) 인터넷을 통해 미리
   (В) 매표소에서 미리

[정답] В

3. 이 연극에서 _____ .

   (А) 관객석은 가득 찼다
   (Б) 관객은 객석의 반 이상이었다
   (В) 관객들은 매우 적었다

[정답] В

4. 배우들의 연기는 말하는 이에게 _____ .

   (А) 별로 마음에 들지 않았다
   (Б) 전혀 마음에 들지 않았다
   (В) 매우 마음에 들었다

[정답] Б

5. 말하는 이는 _____ 고 여긴다.

    (A) 신문을 신뢰하면 안 된다
    (Б) 신문은 믿을 만한 정보를 준다
    (В) 신문은 원래 읽을 필요가 없다

[정답]   A

[문제 6~10 유의 사항]
- 문제 6~10은 광고글을 들은 후에 풀게 됩니다.
- 시험 시간은 5분입니다.

(문제 6~10) 광고를 듣고 그에 대한 문제에 답하세요.

[원문]

    Дамы и господа!
    Предлагаем вам круизы по российским рекам на наших теплоходах! Вы можете совершить небольшое трёхдневное путешествие, а можете плавать и три недели. Для желающих организуются экскурсии по старинным русским городам. Неспешное речное путешествие успокоит и умиротворит вас.
    Каждый может выбрать круиз по своим средствам, поскольку мы предлагаем суда разных классов – от теплоходов с повышенным уровнем комфорта до кораблей, построенных в середине прошлого века, особенно подходящих для тех, кто любит окунуться в прошлое.
    Мы готовы предложить вам как каюты класса «люкс», так и недорогие двухместные каюты. Даже приобретя билет по самой низкой цене, вы прекрасно проведёте свой отпуск, загорая и развлекаясь. А ещё на теплоходе можно смотреть фильмы, танцевать на дискотеке и заниматься множеством других интересных дел. Мы знаем, как сделать ваш отдых незабываемым.
    Ждём вас! Наш телефон: 363–94–52. Всем купившим билеты до 10 апреля предоставляются 20-типроцентные скидки! Мы также предоставляем 15-ти процентные скидки пенсионерам и семьям с детьми.

[해석]

    신사 숙녀 여러분!
    러시아 강을 따라 항해하는 크루즈 여행을 권해 드립니다! 여러분은 3일 이내의 짧은 여행을 하실 수도 있고 3주 동안 항해를 하실 수도 있습니다. 희망하실 경우 고대 러시아 도시들의 관광 일정을 만들어 드릴 수 있습니다. 강 위의 여행은 당신을 평화롭고 평안하게 해줄 것입니다.
    각자의 예산에 따라 다양한 크루즈를 선택할 수 있습니다. 고품격의 안락한 편의 시설을 갖춘 배부터, 지난 세기 중반에 지어져 특히 과거로 빠져들기를 좋아하는 분들에게 적합한 선박에 이르기까지 다양한

> 등급의 배가 준비되어 있습니다.
> 　우리는 '특실' 등급의 선실도, 비싸지 않은 2인용 선실도 소개할 준비가 되어 있습니다. 가장 저렴한 가격의 표를 사신다 하더라도 여러분은 충분히 즐기고 일광욕을 하면서 훌륭하게 휴가를 보낼 수 있습니다. 또한 배에서는 영화를 볼 수도, 디스코텍에서 춤도 출 수 있으며, 다른 재미있는 활동들도 즐기실 수 있습니다. 우리는 여러분의 잊지 못할 휴가를 어떻게 만드는지 알고 있습니다.
> 　여러분을 기다립니다! 우리 전화번호는 363-94-52입니다. 4월 10일까지 표를 구입하는 분께는 20퍼센트 할인이 제공됩니다! 또한 연금생활자와 아이가 있는 가족에게는 15퍼센트 할인을 제공합니다.

[어휘]
теплоход 증기선, 모터선 / организоваться 조직되다, 구성되다 / умиротворить 진정시키다 / поскольку ~한 만큼, ~때문에 / средство 수단, 방법, 자금 / комфорт 안락 / суда (судно의 복수) 배, 선박 / корабль 선박, 기선, 군함 / окунуться (액체, 물 등)에 잠기다 / каюта 선실 / приобрести 얻다, 획득하다 / предоставлять 맡기다, 사용을 허락하다, 소개하다

6. 여행사는 _____ 여행을 제안하고 있다.

　(A) 바다를 따라 하는
　(Б) 강을 따라 하는
　(B) 바다와 강을 따라 하는

[정답]　Б

7. 여행 기간은 _____ .

　(A) 고객에 의해 결정된다
　(Б) 3일이다
　(B) 3주이다

[정답]　A

8. 관광은 _____ 제공된다.

　(A) '특실' 등급의 선실 승객들에게
　(Б) 사전 신청에 의해서
　(B) 모든 희망자들에게

[정답]　B

9. 아이들이 있는 가족들에게는 _____ 이 제공된다.

　(A) 20퍼센트의 할인

(Б) 15퍼센트의 할인

(В) 10퍼센트의 할인

[정답] Б

10. 이 광고는 _____ 애호가들에게 보낸 것이다.

(А) 평온한 휴식

(Б) 활동적인 휴식

(В) 크루즈

[정답] В

[문제 11~15 유의 사항]
- 문제 11~15는 비디오의 한 부분을 본 후에 풀게 됩니다.
- 시험 시간은 6분입니다.

(문제 11~15) 영화 «나는 모스끄바길을 행진하네» 의 일부분을 보고 각 문제에 맞는 정답을 고르세요.

[원문]

1-ый молодой человек. Парень, скажи, в каком подъезде 92-ая квартира?

Игрок. Я не знаю.

Отец. А тебе кого в 92-ой?

1-ый молодой человек. Мне Алёну.

Отец. Лену, что ли? Нет её.

1-ый молодой человек. А где она?

Отец. В парке она, на концерте.

1-ый молодой человек. Жалко.

Отец. А вы что, договорились, что ли?

1-ый молодой человек. Да нет, просто один вопрос хотел выяснить.

Отец. Какой вопрос?

1-ый молодой человек. Ну, Вам-то зачем?

Отец. А я отец.

1-ый молодой человек. Ну да! А я хотел узнать, она точно к нам собирается ехать или просто так сказала?

Отец. К кому это — «к вам»?

1-ый молодой человек. В Качинск.

Отец. В какой это Качинск?

1-ый молодой человек. Ну, в Сибирь.

Отец. А что она забыла в этом Качинске?

1-ый молодой человек. Да нет, она там ничего не забыла. Но, может быть, просто ей надоело пластинками торговать.

Игрок. При чём тут пластинки? Тут любовь до гроба, Петрович, верно говорю.

1-ый молодой человек. Да нет, что Вы…

Игрок. Ну, а зачем же она к тебе едет?

1-ый молодой человек. Да не ко мне она едет.

Игрок. А к кому же?

1-ый молодой человек. Да ни к кому.

Игрок. Значит, ты в Москву за ней приехал?

1-ый молодой человек. Нет.

Игрок. А как же?

1-ый молодой человек. Я проездом здесь.

2-ой молодой человек. Попался!

Игрок. Вот ещё один тип.

2-ой молодой человек. А я прихожу в ГУМ, а мне говорят, один почтальон уже ушёл по адресу. Я догадался, что ты. Где она?

1-ый молодой человек. Она на концерт ушла. Пошли.

2-ой молодой человек. Главное, я первый познакомился.

Отец. А ну постой! Где вы познакомились?

2-ой молодой человек. В ГУМе сегодня.

1-ый молодой человек. Это её отец!

Игрок. О! Не успели познакомиться, понимаешь, а уже жениться хотят.

2-ой молодой человек. Здравствуйте! Николай!

1-ый молодой человек. Скажите, а в каком она парке?

Отец. В центральном.

2-ой молодой человек. А кто женится-то?

Игрок. А вот твой друг. В Сибирь везёт.

2-ой молодой человек. Он? Да не может быть!

Игрок. Это почему это не может быть?

2-ой молодой человек. А потому, что у него семья. жена, дети. Он писатель.

Отец. А ну-ка, писатели, идите отсюда, пока я вам шею не намылил.

2-ой молодой человек. До свидания.

Игрок. Адью!

2-ой молодой человек. Чёрт! Нехорошо получилось!

1-ый молодой человек. Трепач ты!

[해석]

첫 번째 젊은이: 이봐, 말해줘, 92호 아파트가 어느 출구지?
게임하는 사람: 몰라요.
아버지: 근데 92호 아파트에 누구를 만나려고?
첫 번째 젊은이: 알료나요.
아버지: 레나 말이야? 그 애 없어.
첫 번째 젊은이: 그럼 어디 있죠?
아버지: 공원에, 콘서트 장에 있어.
첫 번째 젊은이: 아깝다.
아버지: 근데 당신들 만나기로 한 건가?
첫 번째 젊은이: 아뇨, 그냥 문제 하나를 정확히 하고 싶었어요.
아버지: 어떤 문제를?
첫 번째 젊은이: 당신한테 뭣 때문에 말해야 하죠?
아버지: 내가 (그 애) 아버지야.
첫 번째 젊은이: 아 네! 전 그녀가 정확히 우리한테 오려고 하는 건지 아니면 그냥 그렇게 말한 건지 알고 싶었어요.
아버지: '우리' 누구한테?
첫 번째 젊은이: 까친스끄로요.
아버지: 무슨 까친스끄?
첫 번째 젊은이: 그러니까, 시베리아로요.
아버지: 그 애가 이 까친스끄에서 무엇을 잊어버렸나?
첫 번째 젊은이: 아뇨, 그녀는 거기서 아무것도 잊어버리지 않았어요. 하지만 레코드 파는 일이 지겨워졌을 수도 있잖아요.
게임하는 사람: 레코드판이 여기서 무슨 관계야? 무덤까지 가는 사랑이 여기 있네, 뻬뜨로비치, 사실이라니까요.
첫 번째 젊은이: 아뇨, 무슨 말씀을 하시는 거예요.
게임하는 사람: 그럼, 그녀가 뭣 때문에 너한테 가는데?
첫 번째 젊은이: 아니, 그녀는 나한테 오는 게 아니예요.
게임하는 사람: 그럼 누구한테 가는데?
첫 번째 젊은이: 아무한테도 안 가요.
게임하는 사람: 그럼 네가 그녀를 따라 모스끄바에 온 거야?
첫 번째 젊은이: 아뇨.
게임하는 사람: 그럼?
첫 번째 젊은이: 나는 지나가는 길이예요.
두 번째 젊은이: 딱 걸렸어!
게임하는 사람: 또 하나 왔네.
두 번째 젊은이: 내가 굼으로 가고 있는데, 한 우체부가 벌써 주소대로 떠났다고 하더라고. 나는 너라고 알아차렸지. 그녀는 어디 있어?
첫 번째 젊은이: 그녀는 콘서트에 갔어. 가자.
두 번째 젊은이: 중요한 것은 내가 먼저 그녀와 알게 되었다는 거야.
아버지: 어, 잠깐! 당신들은 어디에서 알게 되었지?
두 번째 젊은이: 굼에서 오늘요.
첫 번째 젊은이: 이분은 그녀의 아버지셔!

> 게임하는 사람: 아! 인사도 할 시간이 없었네, 아시겠죠, 벌써 결혼하고들 싶어 해요.
> 두 번째 젊은이: 안녕하세요! 니꼴라이예요!
> 첫 번째 젊은이: 그녀가 어떤 공원에 있는지 말씀해 주세요.
> 아버지: 중앙 공원에.
> 두 번째 젊은이: 누가 결혼해요?
> 게임하는 사람: 네 친구. 시베리아로 데려간다는데.
> 두 번째 젊은이: 그가? 아니, 그럴 리가!
> 게임하는 사람: 왜 그럴 리가 없다는 거야?
> 두 번째 젊은이: 왜냐하면 그에게는 가족이 있거든요. 아내도 있고, 아이들도 있고. 그는 작가예요.
> 아버지: 자, 작가들, 이리 와봐요. 내가 아직 혼내지 않을 동안.
> 두 번째 젊은이: 안녕히 계세요.
> 게임하는 사람: 안녕!
> 두 번째 젊은이: 빌어먹을! 일이 안 좋게 됐네!
> 첫 번째 젊은이: 넌 수다쟁이야!

[어휘]

выяснить 해명하다 / пластинка 음반, 레코드 / торговать + чем(5) 장사하다 / причём 게다가 / гроб 관, до гроба 죽는 날까지 / проездом 통과 시에, 지나는 길에 / попасть (우연히) 만나다 / догадаться 추측하다 / намылить шею кому 호되게 꾸짖다 / трепач (특히 좋지 않은 말을 많이 하는) 수다쟁이

11. 젊은이들이 찾고 있는 아가씨는 _____ .

 (А) 직장으로 떠났다
 (Б) 콘서트에 갔다
 (В) 공원에서 산책하고 있다

[정답]   Б

12. 첫 번째 젊은이는 _____ .

 (А) 아가씨가 곧 시베리아로 갈 것을 확신하고 있다
 (Б) 아가씨와 결혼해서 시베리아로 가고 싶어 한다
 (В) 아가씨가 시베리아로 가고 싶어 하는지 아닌지 모른다

[정답]   В

13. 두 번째 젊은이는 _____ 마당에 들어왔다.

 (А) 아는 아가씨를 찾기 위해
 (Б) 자기 친구를 찾기 위해
 (В) 아가씨의 아버지와 인사를 하기 위해

[정답]   А

14. 두 번째 젊은이는 그의 친구에게 가족이 있다고 말했다. 왜냐하면 _____ 때문이다.

   (A) 농담을 하고 싶었기
   (Б) 이것이 진실이었기
   (B) 친구와 아가씨가 싸우게 하고 싶었기

[정답]   A

15. 아가씨의 아버지는 젊은이들과 _____ 이야기하고 있다.

   (A) 무례하게
   (Б) 아주 예의 바르게
   (B) 무관심하게

[정답]   A

[문제 16~20 유의 사항]

• 문제 16~20은 녹음된 뉴스를 들은 후에 풀게 됩니다.
• 시험시간은 6분입니다.

(문제 16~20) 녹음된 뉴스를 듣고 각 문제의 정답을 고르세요.

[녹음 원문]

В Российской дипломатической академии проводится выставка «Наука сближает народы». Выставка уже объехала многие европейские страны. Она информирует о развитии науки, о деятельности международных организаций. Неповторимая красота городов, объединивших ядерщиков, отражена в фотографиях, представленных на выставке.

Главной задачей организаторов выставки было стремление показать политикам, что не мешало бы присмотреться к опыту учёных, которые давно поняли: не может быть прогресса без диалога и взаимной открытости.

***

Московские чиновники решили запретить ремонтировать дороги зимой. Проект постановления подготовлен в московском правительстве. Если документ будет принят, то на основных городских улицах ремонтные работы будут запрещены на весь зимний период с 1 ноября по 31 марта.

Напрасной тратой денег уже не первый год называет ремонт дорог в зимнее время министр транспорта России Игорь Левитин. Он заявил, что финансовые средства, запланированные на год, выделяются лишь в третьем квартале, в ноябре. И дорожники вынуждены использовать их именно в этот период. А весной отремонтированные дороги приходится чинить снова.

***

Недавно в Санкт-Петербурге установили памятник великой балерине Галине Улановой. «Обыкновенная богиня», как называли её многие, была увековечена в камне ещё в конце 30-х годов, однако позднее этот памятник был демонтирован. Недавно его нашли в музейных запасниках и восстановили на собственные средства сотрудники Академии русского балета. Монумент был установлен во дворике Академии в день рождения Улановой.

***

Главная новость для школьников, студентов и аспирантов, любящих путешествовать! Началось оформление международных студенческих билетов на новый период. Международный студенческий билет – это дисконтная карта, которая гарантирует скидки по всему миру и принимается к оплате в двухстах двадцати странах мира. Напоминаем, что владельцами международных студенческих билетов могут стать школьники в возрасте от 12 до 18 лет, студенты и аспиранты дневных и вечерних отделений государственных и коммерческих заведений.

***

Президент России подписал закон о правах на результаты интеллектуальной деятельности. В законе определяется перечень видов интеллектуальной деятельности, подлежащих правовой охране. К ним относятся: произведения науки, литературы и искусства, секреты производства, изобретения, программы для ЭВМ и другое. Закон также предусматривает дополнительные гарантии прав авторов, например, переход прав на результаты интеллектуальной деятельности только по договору.

[해석]

러시아 외교 아카데미에서 «과학은 민족을 가깝게 만든다»라는 전시회가 열리고 있다. 전시회는 벌써 많은 유럽 국가들을 순회했다. 전시회는 학문의 발전과 국제 기구들의 활동에 대해 알려주고 있다. 핵 물리학자들을 하나로 모은 도시들의 비교할 수 없는 아름다움이 전시회에 전시된 사진들에 반영되어 있다. 전시회 조직자들의 주요한 과제는, 대화와 상호간의 솔직함 없이는 진보가 있을 수 없다는 것을 오래 전부터 깨달은 학자들의 경험을 눈여겨봐야 한다는 것을 정치가들에게 보여주려는 노력이었다.

***

모스끄바 관리들은 겨울에 길을 수리하는 것을 금지하기로 결정했다. 결의안은 모스끄바 시정부에서 만들어졌다. 만일 이 문서가 통과된다면 도시의 주요 거리에서 보수 작업은 11월 1일부터 3월 1일까지 겨울 내내 금지될 것이다.
겨울 동안의 도로 보수가 쓸데없는 지출을 일으킨 것은 이미 처음이 아니라고 러시아 교통 장관 이고르 레비찐은 말한다. 그는 연 단위로 계획된 재정은 3분기, 11월에만 나오기 때문에 도로 건설자들도 이 시기에 그 돈을 이용해야 하는 것이라고 말했다. 그리고 봄이 되면 수리된 길을 또 다시 고쳐야 한다.

***

얼마 전 상뜨뻬쩨르부르그에 위대한 발레리나 갈리나 울라노바의 동상이 세워졌다. 많은 사람들이 그녀를 가리켜 사용했던 '평범한 여신'이라는 말은 이미 30년대 후반에 묘비에 남겨져 있었다. 그러나 그 뒤에 동상이 철거되었다. 얼마 전에 그 동상을 박물관 보관소에서 찾아 러시아 발레 아카데미 단원들의 후원으로 복원시켰다. 동상은 아카데미 뜰에 울라노바의 생일에 설치되었다.

***

초중고 학생들, 대학생들, 대학원생들, 여행을 좋아하는 사람들을 위한 주요한 소식입니다!
새 (유효기간의) 국제 학생증 발급이 시작되었습니다. 국제 학생증은 할인 카드로, 전 세계에서 할인을 보장해 주고 세계 220국에서 결제가 가능합니다. 국제 학생증 소지자는 12세에서 18세의 학생들 및 국립 혹은 사립 대학의 주, 야간 과정의 대학생과 대학원생들이 될 수 있습니다.

***

러시아 대통령은 지적 활동 결과물에 대한 권리에 관한 법을 승인했다. 법에는 법적 보호 대상이 되는 지적 활동 종류들이 정해져 있다. 거기에는 과학, 문학, 예술 작품들, 생산, 발명의 비밀, 컴퓨터 프로그램 등이 포함된다. 또한 이 법은 저작권의 추가적인 보호를 규정하고 있다. 예를 들면 지적 활동 결과에 대한 권리는 계약에 의해서만 이전된다.

[어휘]
сближать 가깝게 하다, 친하게 하다 / объехать 돌아다니다 / ядерщик 원자핵 물리학자 / неповторимый 비교할 수 없는 / стремление 지향, 노력 / не мешало бы + к чему-кому(3) ~하는 쪽이 좋다 / присмотреться + к чему(3) 주시하다 / прогресс 진보 / взаимный 상호적인 / ченовник 관리 / запретить 금하다 / постановление 결의, 결정 / проект 의안 / принять 통과하다, 받아들이다 / основный 근본의, 본질적인 / напрасный 헛된, 쓸데없는 / выделяться 분배되다 / квартал 구, 4분의 1, 4분기 / лишь 다만 / богиня 여신 / увековечить 영구 불변하게 하다, 남기다 / камень 돌, 묘석 / демонтировать 철거하다 / запасник 예비 보관소 / монумент 기념비 / оформление 형식, 수속 / дисконтная карта 할인 카드 / коммерческий 상업의 / подписать закон 법에 조인, 승인하다 / интеллектуальный 지적인 / деятельность 활동, 일 / перечень 목록 / подлежащий + чему(3) ~에 해당하는 / охрана 보호, 보전 / определяться 정해지다 / ЭВМ(электронная вычислительная машина) 전자계산장치, 컴퓨터 / предусматривать 미리 생각해 두다, 규정하다 / гарантия 보증 / переход 이동, 이행

16. 전시회 «과학은 민족을 가깝게 만든다» 조직자들의 근본적인 과제는 _____ 을(를) 보여주는 것이다.

(A) 최근 핵물리학자들의 학문적인 성과
(Б) 정치적 신뢰 관계의 필요성
(B) 핵물리학자들이 일하고 있는 도시의 아름다움

[정답] Б

17. 모스끄바에서는 겨울의 도로 보수를 금지하고 있다. 왜냐하면 _____ 때문이다.

(A) 너무 적은 돈이 분배되기
(Б) 자금이 너무 늦게 분배되기

(Б) 그러한 수리는 효과적이지 않기

[정답]   В

18. 위대한 러시아 발레리나 갈리나 울라노바의 동상은 _____의 자금으로 건립되었다.

   (A) 박물관 직원들
   (Б) 발레 아카데미 단원들
   (В) 상뜨뻬쩨르부르그

[정답]   Б

19. 국제 학생증의 소유자는 _____이 될 수 있다.

   (A) 러시아 대학교의 학생들만
   (Б) 12살에서 18살의 학생들만
   (В) 교육기관에서 12년 이상 공부하고 있는 학생들

[정답]   В

20. 새로운 법은 _____ 저작권 보호에 대해 말하고 있다.

   (A) 모든 지적 활동의 종류들에 대한
   (Б) 학문과 기술의 성과에 대한
   (В) 오직 인쇄물에 대한

[정답]   A

[문제 21~25 유의 사항]

• 21~25번은 녹화된 비디오의 인터뷰 내용을 본 후에 풀게 됩니다.
• 시험시간은 6분입니다.

(문제 21~25) 연극학교 선생님이자 유명한 러시아 배우 알렉산드르 즈부르예프와의 인터뷰 비디오의 일부를 보고 문제의 정답을 고르세요.

[비디오 원문]

Збруев. Мне хотелось бы говорить на другую тему сегодня. Хочется говорить о тех, кто только что закончил, например, театральный институт. Я действительно преподавал в ГИТИСе, и наш курс сегодня дипломный. Это 27 ребят, которые закончили. И я вижу сегодняшние их страдания и мучения – найти своё место вот в этой Москве нашей. В которой достаточно много театров, но в которой абсолютно заняты все места. Сегодня заканчивают ГИТИС, МХАТ, ВГИК, и ещё несколько есть на правах института. И вот эти все 250 человек толпой ходят по Москве и ищут место, где бы пристроиться. Я думаю: вот ради чего они учились! И почему они 4 года учились для того, чтобы сейчас ходить по этим дурацким кастингам и предлагать себя, унижаться: «Возьмите меня! Я хочу сняться в этой картине!» И картин-то этих нет. Вы понимаете, и эти вот многосерийные фильмы, даже не фильмы, это непонятно что!

Журналист. Это с Вашей точки зрения непонятно что, а для них это слава и большие деньги.

Збруев. Какие большие деньги?! О чём Вы говорите! Нет! Это шоу-бизнес, это люди, которые, может быть, уже обрели что-то. Я говорю сейчас о той молодёжи, которая вот только сегодня начинает. Вот я смотрю, во что это превращается. Когда-то ВГИК не принимал каждый год студентов. Он их принимал через год или через два. Может быть, это не так просто – решить эту проблему, я понимаю, потому что это рабочие места, это деньги, и так далее, и так далее. Но почему нельзя? В этом году Щукинское училище... В этом году не набирает такое-то и такое-то. В этом году набирает другое училище, но не набирает Щукинское. Не будет такого удешевления. Потому что вот я, общаясь со своими ребятами, со студентами, я вижу, как они готовы на всё, Вы понимаете, они готовы на всё. На любое, лишь бы только вот зацепиться, лишь бы только увидели их лицо. А среди них есть очень талантливые люди.

Журналист. В другом интервью Вы сказали: «Люблю ли я родину? Конечно, мы все любим нашу родину, но она нас не любит».

Збруев. Это я говорил. Это я действительно говорил, причём говорил не один раз.

Журналист. Но Вас-то она любит! Слава, признание страны!

Збруев. Ну да, правильно. Ну, я бы сказал... NN покупает остров. Ну, слава... «Здравствуйте! Мы Вас знаем! Тыр-пыр, восемь дыр! А можно с Вами сфотографироваться? А вот Вам букетик...» А это что? Это слава? Важно признание человека! Признание! Ну, слава... Ну, слава... Ну, что слава...

Журналист. Хотя Вы и говорите, что Вы не сделали и 90% того, что могли бы, но всё-таки я убеждён, что если бы Вас спросили, что ты хочешь: остров в Средиземном море или та возможность, которая у вас есть, самореализоваться. Так как Вы себя самореализовали в театральной и киношной державе, я уверен, что Вы выбрали бы свою сегодняшнюю ипостась.

Збруев. Ну мне бы, Вы знаете, остров совсем не помешал. Абсолютно. И на этом острове я бы снял такое количество замечательных фильмов!

Журналист. Ну, Вы хотите и то, и другое. А если «или-или»? Что бы Вы выбрали?

Збруев. Ну, как так? Что это? Так вопрос не ставится.

Журналист. Ну, я Вам ставлю такой вопрос.

Збруев. Вы мне ставите такой вопрос, на который нельзя ответить. Всё остальное уходит, а остров долго-долго будет стоять, пока не наступит ледниковый период. А один человек существует – Чаплин. Всё остальное уходит. Уже ушло такое количество замечательных, прекрасных, великих артистов, которых вообще уже не вспоминают, которых даже не знают. И не потому, что тщеславно знают, а потому, что не знают их творчества, не знают то, что они предлагали, что они доносили радость, философию определённую жизненную. И есть один человек в истории кинематографа нашего, вообще искусства мирового – это Чаплин. Хотя до этого был Макс Линдер, да? Хотя ещё были другие, как бы великие. Всё остальное ветер разрушает и уравнивает, никого больше нет. А остров долго-долго будет стоять.

[해석]

　　즈브루예프: 저는 오늘 다른 주제를 얘기했으면 합니다. 예를 들면 연극 학교를 지금 막 졸업한 학생들에 대해서 이야기하고 싶습니다. 제 자신이 기찌스(연극학교)에서 가르쳤고 우리 학년은 지금 졸업생들입니다. 이 학생들은 졸업한 27명입니다. 그리고 저는 지금 우리의 이 모스끄바에서 자기의 자리를 찾는 그들의 어려움과 고통을 보고 있습니다. 모스끄바에는 충분히 많은 극장들이 있지만 그곳에는 모든 자리가 완전히 차있습니다. 지금 학생들은 기찌스, 므하트, 브기꾸 그리고 다른 대학교 자격이 있는 연극 학교들을 마치고 있습니다. 그리고 지금 이 250명은 몰려 다니며 모스끄바에서 취직할 일자리를 찾고 있습니다. 나는 생각합니다. 뭣 때문에 그들이 공부했는지! 그리고 지금 이 명청한 캐스팅을 찾아 다니고, '나를 데려가세요! 난 이 영화에 출연하고 싶어요!' 라고 하면서 자신을 비하시키기 위해 왜 4년이나 공부했는지. 그리고 이런 영화란 것도 없어요. 이해하시겠어요. 이것은 바로 여러 시리즈 영화입니다. 심지어 영화도 아니죠, 이건 이해도 안 되는 거죠!

　　기자: 이것은 당신의 관점에서는 이해가 안 되겠지만 그들에게는 이것은 명성이고 큰 돈이죠.

　　즈브루예프: 큰 돈이라니요? 무슨 큰 돈이요? 무슨 말씀 하시는 거예요? 아니요! 이것은 쇼비즈니스입니다. 이건 아마도 벌써 무언가를 얻은 사람들일 겁니다. 저는 지금 막 시작하는 젊은이들에 대해서 말하고 있는 겁니다. 바로 위와 같은 일이 무엇으로 변하고 있는지 제가 지금 보고 있죠. 언젠가 브기꾸는 학생을 매년 선발하지 않았어요. 일년에 한 번 아니면 이년에 한 번 그렇게 선발했지요. 아마도 이 문제를 해결하는 것이 그렇게 단순하지는 않겠지요. 이것은 일자리 문제일테고 돈 문제일 테고…등등일 테니까요. 하지만 왜 불가능한거죠? 올해는 슈낀스꼬예 학교에서… 올해는 이런 학교에서, 저런 학교에서 학생을 뽑지 않아요. 올해는 다른 학교에서는 뽑는데 슈낀스꼬예에서는 뽑지 않아요. 그렇게 하면 결국 그런 가격 인하(싼 값에 일자리를 찾는 학생)는 없을 거예요. 왜냐하면 저는 제 제자들과 학생들과 연락하며 지내는데, 그들이 어떻게 모든 일에 준비되어 있는지 저는 볼 수 있기 때문이죠. 이해하세요? 어떤 일에도 준비가 되어 있어요. 어떤 기회라도 잡기 위해, 자신들의 얼굴을 한번 보여주기 위해 무엇에라도 말이죠. 그들 중에는 매우 재능 있는 사람들도 있습니다.

　　기자: 다른 인터뷰에서 당신은 "나는 조국을 사랑하는가? 물론 우리는 모두 우리 조국을 사랑합니다. 그러나 조국은 우리를 사랑하지 않습니다."라고 했습니다.

　　즈브루예프: 제가 그런 말을 했죠. 정말 그런 말을 했어요. 게다가 한 번만 말한 것이 아니죠.

　　기자: 그러나 당신을 조국은 사랑합니다! 명성, 국가의 인정 말이죠!

　　즈브루예프: 네, 맞습니다. 그러나 이것을 말하고 싶어요. 누군가 섬을 구입합니다. 그런데 명성이라… "안녕하세요! 우리는 당신을 압니다.! 어쩌구 저쩌구…. 당신과 사진 찍을 수 있을까요? 자 여기 꽃다발이요…" 이것이 뭘까요? 이런 게 명성일까요? 중요한 건 사람들의 인정입니다. 인정받는 것입니다. 명성이라….명성…. 명성이란…

기자: 비록 당신이 자신이 할 수 있는 것에서 90%를 하지 못했다고 말씀하시는 거라도, 어쨌든 저는 확신합니다. 만약에 당신이 무엇을 원하는지 물어본다면, "지중해의 섬이냐 아니면 당신이 가지고 있는 자아 실현 가능성이냐"라고 묻는다면. 당신은 스스로 극장과 영화의 거대한 세계에서 자아를 실현하셨기 때문에 분명 오늘날의 자신의 천직(사회적 지위)을 선택할 거라고 저는 확신합니다.

즈브루예프: 그런데 저한테는, 그거 아세요. 섬이 문제될 것도 없습니다. 확신합니다. 그리고 이 섬에서 저는 아주 많은 양의 훌륭한 영화들을 찍었겠죠!

기자: 이것과 저것 모두를 원하시는군요. 그런데 만일 "또는"이라면 무엇을 선택하시겠어요?

즈브루예프: 어떻게 어떻게요? 무슨 말씀이죠? 그렇게는 질문이 안되죠.

기자: 그럼 제가 이런 질문을 드리죠.

즈브루예프: 당신은 내게 대답할 수 없는 질문을 제시하신다는 거죠. 다른 모든 것은 사라져 버리지만 섬은 빙하시대가 오지 않는 한 오래오래 있을 것입니다. 한 사람이 존재합니다. 채플린이죠. 나머지는 모두 없어집니다. 이미 기억할 수 없고 심지어는 알지도 못했던 대단하고 훌륭하고 위대했던 많은 배우들이 이미 떠났습니다. 허영심으로 그들을 알고 있기 때문이 아니라 그들의 작품을 모르고, 그들이 하려고 했던 것을 모르고, 그들이 기쁨을, 어떤 삶의 철학을 주있는지 모르기 때문입니다. 그래서 우리 영화사에서, 세계 예술 역사상 한 사람, 즉 채플린만 있는 겁니다.

비록 이전에는 막스 린제르가 있었지만요, 그렇죠? 그리고 다른 위대한 이들도 있었지만요. 다른 모든 것은 바람이 무너뜨리고 평평하게 만들어 아무도 더 이상 남아 있지 않을 겁니다. 그러나 섬은 오래오래 서있을 겁니다.

[어휘]

пристроиться 취직하다 / кастинг 캐스팅 / унижаться 자신을 비하하다 / обрести 발견하다, 획득하다 / удешевление 감액, 감가 / зацепиться (자기의) 손발이나 옷 등을 걸다 / лишь бы 단지 ~하기만 하면 / NN 정해지지 않은 뭔가를 지칭할 때 사용 / тыр-пыр 뭐라고 말하는 소리를 표현한 것 / признание 인정, 인기 / слава 명성, 명예 / держава 국권, 주권 / ипостась (그리스도의) 인성, 천직, 사회적 위치 / ледниковый период 빙하 시대 / тщеславный 허영심이 많은 / кинематограф 영사기, 영화예술 / как бы 마치 ~처럼 / уравнивать 평등히 하다.

21. 자기 학생들의 운명에 대해 말하면서, 즈브루예프는 _____ .

(А) 그들이 시리즈에 출연하는 것에 기뻐하고 있다
(Б) 그들을 러시아 연극에서 초청하지 않는 것에 놀라고 있다
(В) 그들이 배역을 위해서 스스로를 비하해야 하는 것에 분개하고 있다

[정답] B

22. 알렉산드르 즈브루예프는 _____ 고 여기고 있다.

(А) 연극 학교 채용은 일정대로 행해져야 한다
(Б) 연극 학교들은 일년에 한 번 학생들을 선발해야 한다
(В) 연극 학교 수를 줄여야 한다

[정답] A

23. 즈브루예프의 관찰에 의하면 젊은 배우들은 _____ .

    (A) 오직 좋은 역할만 하려고 애쓴다
    (Б) 어떤 역할이라도 하려고 한다
    (В) 자주 캐스팅되지 않는다

[정답] Б

24. 즈브루예프의 의견에 따르면 명성이란 _____ .

    (A) 뭔가 일시적이고 믿을 만하지 않은 것이다
    (Б) 관객들의 인정의 증거이다
    (В) 프로페셔널리즘의 증거이다

[정답] A

25. 즈브루예프의 말은 _____ .

    (A) 논리적이며 냉담하다
    (Б) 감정적이며 논증적이다
    (В) 앞뒤가 맞지 않고 일관적이지 않다

[정답] Б

Субтест 4. ПИСЬМО (쓰기)

〈테스트 중 지켜야 할 사항〉

- 시험 시간은 55분입니다.
- 시험은 총 3개의 문제로 되어 있습니다.
- 사전을 이용할 수 있습니다.

[문제 1 유의 사항]

- 여러분의 과제는 주어진 본문을 바탕으로 추천하는 글을 쓰는 것입니다.
- 쓰여진 본문: 180 글자 이내
- 시험 시간: 20분
- 작문 분량: 50~70 단어

문제 1. 당신의 친구(또는 여자 친구)는 곧 기념일을 맞으며, 그(그녀)는 레스토랑에서 축하하고 싶어합니다. 주어진 광고 자료를 기반으로 당신이 생각할 때 기념일에 가장 어울릴 레스토랑을 추천하세요.

《백작 오를로프》

(배달) 점심을 주문하세요.
우리 레스토랑에서 당신은 매우 다양한 종류의
러시아 전통 요리를 만나게 될 것입니다:
샐러드, 차가운 전채 요리, 스프, 고기, 생선 요리,
또한 집에서 만든 과자, 케이크, 디저트, 음료수까지.
메뉴는 매일 새로워집니다.
당신은 단지 전화만 하시면 됩니다.
775-33-07

《사모바르》

우리 레스토랑에서 훌륭한 식사를 하세요.
《사모바르》는 최고의 러시아 선술집 전통을
유럽 수준의 서비스와 하나로 만들었습니다.
저녁마다 유명 연예인이 출연합니다.
먀스니쯔까야 거리 13번지
전화: 921-46-88

레스토랑 «황금 돔»에 초대합니다!

훌륭한 이탈리아 음식,
우아하게 꾸며진 홀, 세련된 포도주는
특별한 분위기를 만들어 줍니다.
여기에서 친구들과 이야기하며
즐거운 시간을 보내실 수 있습니다.
길랴롭스끼 거리 39번지
전화: 684-35-17

레스토랑 «고대의 중국»에서

민족 의상을 입은
친절한 아가씨들이
당신을 맞이합니다.
메뉴는 중국의 전통 요리와
우아한 진미들입니다.
다양한 와인도 있습니다.
전화: 292-29-30

레스토랑 «사계절»

쾌적한 휴식 공간.
러시아와 유럽의 다양한 요리와 훌륭한 서비스.
금요일과 토요일에는
여러 재미있는 쇼(가 펼쳐집니다).
여기서 당신은 생일을 축하하거나
파티를 열 수 있습니다.
주소: 찌똡스까야 거리 4번지
전화: 257-10-96

«스똘레쉬니끼»

우리 레스토랑은 모스끄바 시내
한적한 골목길에 위치하고 있습니다.
쾌적한 홀에서는 음악가들이 연주하는
인기있는 곡에 맞추어 춤을 출 수 있습니다.
메뉴로는 식당의 오늘의 요리, 유럽 요리,
러시아 요리가 있습니다.
11시에서 24시까지 영업합니다.
주소: 스딸레쉬니꼬프 골목 6번지
전화: 229-58-42

[예시 답안]

Привет, Иван!

  Поздравляю тебя с юбилеем! Желаю тебе счастья, радости, здоровья и успехов в работе!
  Я очень рада, что ты обратился ко мне за советом. Ты же знаешь, что я настоящий гурман и отлично знаю все рестораны в Москве. Для юбилея прекрасно подойдёт недавно открывшийся ресторанчик «Самовар», он очень чистый и уютный. Я слышал, что у тебя много иностранных друзей, поэтому будет просто прекрасно, если ты угостишь их традиционной русской едой, её там отменно готовят. Советую вам обязательно заказать борщ и пельмени и попробовать красное вино, привезённое с Кавказа. В этом ресторане всегда приятная музыка, а по вечерам даже выступают известные артисты. И месторасположение его такое удобное: в самом центре Москвы, на Мясницкой улице. Около ресторана есть удобная парковка, где твои гости могут оставить машины.
  Надеюсь, что мой совет поможет тебе. Если у тебя есть какие-либо вопросы, позвони по телефону 921-46-88.
  Удачи!
  Борис.

[해석]

안녕! 이반
  기념일을 축하해! 행복, 기쁨, 건강 그리고 일에서의 성공을 기원한다!
  난 네가 나에게 조언을 부탁해서 너무 기뻐. 너 내가 정말 미식가이고 모스끄바에 있는 모든 레스토랑을 잘 알고 있다는 거 알지. 기념일을 위해서, 얼마 전에 문을 연 레스토랑 «사모바르»가 아주 적당하지. 그 식당이 아주 깨끗하고 쾌적하거든.
  난 너한테 외국인 친구가 많다고 들었어. 그래서 거기에서 잘 만드는 러시아 전통 요리를 네가 친구들한테 대접한다면 아주 좋을 거야.
  꼭 보르쉬와 만두를 주문하고 깝까즈산 적포도주를 맛보게 하길 조언할게. 이 레스토랑에는 항상 좋은 음악이 있고 저녁마다 유명한 연예인들이 출연해. 그리고 위치도 아주 편리해: 모스끄바 가장 중심에 있는 먀스니쯔까야 거리야. 레스토랑 근처에는 너의 손님들이 주차할 수 있는 주차장이 있어.
  내 조언이 너에게 도움이 되었으면 좋겠다. 만일 또 다른 문제가 있으면 921-46-88로 전화해.

[어휘]

гурман 식도락가 / отменный 우수한, 탁월한 / месторасположение 위치 / парковка 주차장

[문제 2 유의 사항]

- 사회적 사무적인 영역에서의 소통 상황이 제시됩니다.
- 여러분의 과제는 제시된 상황과 제시된 문제에 맞는 공적인 성격의 글을 쓰는 것입니다.
- 시험 시간: 15분
- 작문 분량: 50~70 단어

문제 2. 당신이 러시아 회사에서 한 달간 연수를 하고 싶다고 상상해 보세요. 회사의 사장에게 당신에게 러시아 초청장을 보내 달라고 요청하는 서류를 작성하세요. 당신의 요청을 논리적으로 이야기하세요.

[예시 답안]

Директору фирмы «Звезда»
Иванову Ивану Ивановичу
от магистранта университета NNN
Ким Нури

Заявление

Прошу Вас предоставить мне возможность пройти месячную стажировку в Вашей фирме с 01.05.2014 до 01.06.2014. В настоящее время я заканчиваю магистратуру в корейском университете NNN.

Работа Вашей фирмы связана с исследованием, которое я провожу. Для успешной защиты диссертации мне необходимо получить информацию о работе российских компаний в области инженерии, пройти дополнительное обучение и приобрести опыт работы в российской фирме. Прошу Вас рассмотреть мою кандидатуру и, в случае положительного ответа, прислать приглашение на моё имя до 10.04.2014.

Прошу не отказать в моей просьбе.

Заранее благодарен (благодарна).

01. 11. 2013

Ким Нури

[해석]

«별» 회사 사장님
이바노프 이반 이바노비치에게
NNN 대학교 석사
김누리로부터

요청서

당신의 회사에서 2014년 5월 1일부터 2014년 6월 1일까지 한 달간 연수를 할 수 있는 기회를 저에게 허락해 주시기 바랍니다. 현재 저는 한국의 NNN 대학교에서 석사과정을 마치고 있습니다.

당신 회사의 일은 제가 하는 연구와 연관이 있습니다. 성공적인 논문 발표를 위해서 공학 분야에서의 러시아 회사의 일에 대한 정보를 받고, 추가적인 공부를 하고 러시아 회사에서 경험을 얻을 필요가 있습니다. 저를 후보자로서 잘 생각해 보시고 긍정적일 경우, 2014년 4월 10일까지 제 이름으로 초청장을 보내주시기를 부탁드립니다.

제 부탁을 거절하지 않으시길 부탁드립니다.

미리 감사드립니다.

2013년 11월 1일

김누리

[어휘]
предоставить ~사용을 허락하다, 제공하다 / исследование 연구 / защита диссертации 논문 발표 / область 영역 / инженерия 공학 / приобрести 얻다, 획득하다 / кандидатура 후보 자격 / отказать 거절하다

[문제 3 유의 사항]
- 일상적인 사회생활에서의 소통 상황이 제시됩니다.
- 여러분의 과제는 제시된 상황과 제시된 문제들에 맞는 비공식적인 글을 쓰는 것입니다.
- 시험 시간: 20분
- 작문 분량: 100~150 단어

문제 3. 당신이 잘 알고 있는 지인이 대기업의 사장입니다. 그가 당신에게 회사에서 운전사로 일을 할 수 있는 사람을 추천해 달라고 요청했습니다.

이 사람을 특징짓는 우호적이며 비공식적인 편지를 쓰세요. 다음의 내용을 반드시 넣으세요.
- 그의 개인적인(외적인, 내적인) 특성
- 사무적 전문적 소질
- 당신의 주의를 끌었던 그의 삶의 사건들과 사실들
- 당신들의 친분 관계

또한 이 사람이 대기업에서의 근무에 필수적인 모든 특성들을 가지고 있는지도 평가하세요.

[예시 답안]

Привет, Иван!

　　Я очень рад, что ты написал мне! Так давно ничего о тебе не слышал! У меня все хорошо, я работаю в фирме «Звезда», как и раньше. Меня обещали скоро повысить, так что можешь меня поздравить. Приятно слышать, что у тебя на работе дела тоже идут в гору.

　　Ты написал, что ищешь водителя, и я как раз знаю подходящего человека. Его зовут Антон, он мой старый знакомый. Мы раньше работали в одной компании. Он очень приятный и отзывчивый человек, всегда хорошо выглядит, хорошо воспитан, и что самое важное - не пьёт и не курит.

　　Когда мы работали вместе, то он всегда был на хорошем счету у начальства, так как никогда не опаздывал и был готов выйти на работу даже в выходной день, если это было необходимо. Он опытный водитель и имеет права на управление всеми видами транспорта. Еще в армии он работал водителем, и в то время он управлял автомобилем по 20 часов в сутки. Он очень выносливый и всегда внимательно следит за ситуацией на дороге.

　　Сейчас он ищет работу, так как он переехал в другой район, и ему пришлось уйти из компании. Я думаю, он будет очень рад получить работу в твоей фирме.

　　Я дам тебе контактный телефон Антона: 223-34-45. Позвони ему и обговори с ним всё подробнее.

　　Надеюсь, что вы обо всем договоритесь.

　　Пока.

Ким Нури

29 января 2013 г.

[해석]

안녕, 이반!

나한테 편지를 써줘서 너무 기뻐! 너에 대해서 너무 오랫동안 소식을 못 들었네!

난 다 잘 지내고 전처럼 회사 «Звезда»에서 일하고 있어. 곧 날 승진시켜 준다고 했으니까 축하해 주렴. 너도 하는 일이 잘 되고 있다고 들으니까 기쁘구나.

네가 운전기사를 찾고 있다고 썼는데 마침 내가 적당한 사람을 알고 있어. 그의 이름은 안똔이고 나의 오래된 지인이야. 우리는 전에 같은 회사에서 일했었어. 그는 매우 유쾌한 사람이고 동정심이 있는 사람이야. 항상 좋아 보이고 교육을 잘 받았고, 가장 중요한 것은 술을 안마시고 담배를 안 피운다는 거야.

우리가 같이 일했을 때 그는 항상 상사에게 좋은 평가를 받았어. 왜냐하면 그는 한 번도 지각하지 않고 심지어 휴일에도 꼭 필요할 때면 일하러 갈 준비가 되어 있었거든. 그는 경험이 많은 운전사이고, 모든 교통 수단의 운전 면허증을 가지고 있어. 또한 군대에서 운전병으로 근무했고, 그때는 하루에 20시간씩 차를 몰았어. 그는 매우 끈기 있는 사람이고 항상 도로 상황을 주의 깊게 살펴.

지금 그는 일을 찾고 있어, 왜냐하면 그는 다른 지역으로 이사했고 회사를 그만둬야 했기 때문이야. 난 그가 너의 회사에서 일을 찾으면 매우 기뻐할 거라고 생각해. 내가 안똔에게 연락할 전화번호를 줄게. 223-34-45.

그에게 전화해서 모든 자세한 것을 논의해봐.

모든 것에 대해 얘기가 잘 되길 바래.

안녕.

김누리
2013년 1월 29일

[어휘]

отзывчивый 동정심 있는 / манера 매너, 예절 / счёт 계산 (у кого на хорошем счёту ~에게 좋은 평가를 받다) / квалифицированный 숙련된, 우수한 / наземный 지상의 / выносливый 끈기 있는 / следить + за чем(5) ~에 주시, 유의하다 / контактный 접촉하는, 연결하는

Субтест 5. ГОВОРЕНИЕ (말하기)

〈테스트 중 지켜야 할 사항〉
- 시험 시간은 50분입니다.
- 시험은 총 6문제(15개 상황)로 된 5개 부분으로 되어 있습니다.
- 모든 답변들은 녹음기에 녹음됩니다.
- 시험 중에 사전을 이용할 수 없습니다.

ЧАСТЬ I

[문제 1 (상황 1~4) 유의 사항]
- 여러분의 과제는 주어진 문제에 맞는 대화를 이어가는 것입니다.
- 시험은 사전 준비 없이 진행됩니다.
- 시험 시간: 1분 30초 이내
- 문제 제시 횟수: 1번
- 대답 준비 시간: 15초

문제 1 (상황 1~4). 당신이 친구와 다른 도시에 견학을 갔다 왔다고 상상해 보세요. 이 도시가 당신과 당신의 친구의 마음에 들었습니다. 평가하는 유의어로 친구에게 대답하세요.

1. 나는 이 도시가 마음에 들었어! 참 쾌적하더라…

[예시 답안]
- Да, очень симпатичный, милый городок.
  (그래, 매우 매력적이고 사랑스러운 도시야.)

2. 건축 양식이 평범하지 않아.

[예시 답안]
- Верно, очень оригинальная архитектура.
  (맞아, 진짜 건축물 같아.)

3. 주민들이 모두 친절해

[예시 답안]
- Действительно, все очень вежливые и доброжелательные, с ними было приятно разговаривать.
  (정말 그래, 모두 매우 공손하고 친절해. 그들과 이야기하는 게 아주 유쾌했어.)

4. 그리고 그렇게 아름다운 장소에 있어!

[예시 답안]
- Да, место чудесное, просто замечательное!
 (그래, 장소가 너무 멋져, 너무 훌륭해!)

[어휘]
уютный 살기에 좋은, 쾌적한 / городок 작은 도시 / оригинальный 고유의, 본래 / доброжелательный 호의적인, 친절한 / чудесный 기적적인, 탁월한

[문제 2 (상황 5~8) 유의 사항]
- 당신의 과제는 주어진 상황과 지시된 의도에 맞게 상대방의 말에 대답하는 것입니다.
- 시험은 사전 준비 없이 진행됩니다.
- 문제 푸는 시간: 1분 30초
- 주어진 문제: 1개
- 대답 준비 시간: 15초

문제 2 (상황 5~8). 당신은 함께 일하고 있는 친구와 이야기하고 있습니다. 친구는 당신에게 재미있는 뉴스를 알려주고 있습니다. 주어진 의도를 표현하면서 상대방의 대답에 논증하세요.

5. 놀라움을 표현하세요.
 – 다음 주에 우리는 쉬어.

[예시 답안]
- Да что ты говоришь! А я был уверен, что на следующей неделе у нас презентация!
 (그게 무슨 소리야! 난 다음 주에 우리 발표가 있을 거라고 확신하고 있었는데!)

6. 관심을 표현하세요.
 – 우리 간부회에서 뻬쩨르부르그에 견학을 가기로 했어.

[예시 답안]
- Да, а с чем связана эта поездка? Вся фирма поедет?
 (그래, 근데 무슨 여행이야? 회사 모든 사람들이 가는 거야?)

7. 분노를 표현하세요.
 – 알았어, 나 그냥 농담했어.

[예시 답안]
- Ну и шуточки у тебя! Я уже начал было строить планы!
 (그런 농담이 어디 있어! 난 벌써 계획을 세우기 시작했잖아!)

8. 당신이 화나지 않았다는 것을 표현하세요.
— 미안해요, 아마 이건 좋은 농담이 아니었던 것 같네요.

[예시 답안]

- Ничего страшного. У меня даже немного поднялось настроение.
 (괜찮아요. 전 오히려 기분이 좀 더 좋아졌는걸요.)

[어휘]

презентация 제출, 발표 / руководство 지도자, 간부 / шутка 농담

[문제 3 (상황 9~12) 유의 사항]

• 4개의 표현이 적힌 문제가 제시됩니다.
• 여러분의 과제는 상대방에 의해 제시된 의도에 알맞은 억양을 사용하여 표현하는 것입니다.
• 시험은 사전 준비 없이 진행됩니다.
• 시험 시간: 1분 30초 이내

문제 3 (상황 9~12). 지시된 의도에 알맞은 억양을 사용하여 답하세요.

9. 당신은 황홀해져 있습니다.
— 너 봐라! / 어떤 자동차인지 // 평생의 꿈이지 /

10. 당신은 실망했습니다.
— 그녀는 나한테 그렇게 많은 약속을 했어 / 그리고 아무것도 하지 않았어 //

11. 당신은 두려워하고 있습니다.
— 미샤가 지금까지 없네 // 그가 오지 않으면 // 우리는 어떻게 해야 할까

12. 당신은 기뻐하고 있습니다.
— 우리가 널 보게 되어서 얼마나 기쁜지 몰라 // 오길 / 잘했다 //

[어휘] наобещать 많이 약속하다

ЧАСТЬ II

[문제 4 (상황 13) 유의 사항]

- 문제 4 (상황 13)는 비디오를 보고 난 후 풀게 됩니다.
- 당신의 과제는 본 것에 대해 주어진 과제에 알맞는 자세한 이야기를 하는 것입니다.
- 문제 제시 횟수: 1번
- 시험 준비 시간: 10분
- 시험 시간: 5분 이내

문제 4 (상황 13). 영화의 한 장면을 보고, 여러분이 본 것에 대해 친구들에게 이야기하세요. 여러분의 이야기에는 다음의 묘사가 들어가야 합니다.
  а) 상황
  б) 인물
또한 여러분이 보기에 왜 그러한 상황이 발생했는지 설명하세요.

[예시 답안]

　　Немолодой мужчина бреется, держа в руке зеркало. Он говорит маме, что опаздывает. По-видимому, он спешит на работу. Мама приносит завтрак, и мужчина начинает есть...

　　Затем этот мужчина, одетый по-зимнему, выходит во двор. Дворничиха (женщина, которая убирает снег во дворе) обращается к нему по имени-отчеству, мы узнаём, что мужчину зовут Евгений Иванович. Женщина спрашивает его, вероятно, о своём ребёнке.

　　Мужчина подходит к троллейбусу, входит в него и садится на свободное место. Сидящий рядом мужчина с газетой в руках удивлённо смотрит на него. Евгений Иванович чувствует себя неловко и показывает соседу проездной билет, но тот продолжает подозрительно на него смотреть. Более того, когда Евгений Иванович вышел из троллейбуса, его немолодой сосед пошёл за ним следом, стараясь, чтобы его не заметили.

　　Евгений Иванович вошёл в ворота с надписью «Детский сад № 83». Его преследователь наблюдает через окно, как он раздевается и надевает белый халат. Евгений Иванович заметил своего преследователя, но в это время в комнату вошла молодая сотрудница и сказала: «Плохо едят!»

　　Евгений Иванович вошёл в столовую, где завтракали маленькие дети. Он объявляет, что завтрак отменяется и будет космический полёт, перед которым следует (надо) основательно подкрепиться. Дети дружно начинают есть.

　　В это время в столовую вошёл милиционер в сопровождении мужчины из троллейбуса. Этот странный мужчина бросается к Евгению Ивановичу с криком: «Ага! Попался!»

[해석]

　　중년의 남자가 한 손에 거울을 잡고 면도를 한다. 그는 엄마한테 늦었다고 말한다. 그는 직장으로 서두르는 듯 보인다. 엄마는 아침식사를 가지고 오고 남자는 먹기 시작한다...

　　그런 다음 이 남자는 겨울 옷을 입고 마당으로 나간다. 마당 청소부(마당에 눈을 치우는 여자)는 이름과 부칭으로 그를 부르고, 우리는 그의 이름이 예브게니 이바노비치라는 것을 알게 된다. 여자는 아마도 자기 아이에 대해서 묻고 있는 듯 하다..

남자는 트롤리버스에 다가가 버스에 타서 빈자리에 앉는다. 손에 신문을 들고 있는 옆에 앉은 남자가 놀란 듯 그를 쳐다본다. 예브게니 이바노비치는 불편함을 느끼고 옆 사람에게 통행권을 보여 준다. 그러나 그 사람은 계속 의심스럽게 그를 쳐다본다. 게다가 예브게니 이바노비치가 트롤리버스에서 내렸을 때 나이 먹은 그 옆 사람이 그가 눈치채지 못하게 애쓰면서 그를 미행했다.

예브게니 이바노비치는 '83번 유치원'이라고 적힌 문 안으로 들어갔다. 그의 추격자는 창문을 통해서 그가 옷을 벗고 흰 가운을 입는 것을 관찰한다. 예브게니 이바노비치는 자신의 뒤를 쫓는 사람을 눈치챘지만 이때 방으로 젊은 동료가 들어와 말했다. "잘 안 먹어요."

예브게니 이바노비치는 어린 아이들이 아침을 먹고 있는 식당으로 들어갔다. 그는 아침식사가 취소되고 우주 비행이 있을 것이며 그 전에 기본적으로 힘을 만들어야 한다고 (아이들에게) 알린다. 아이들은 사이좋게 먹기 시작한다.

이때 트롤리버스에서 온 그 남자가 경찰을 동행하고 식당으로 들어왔다. 이 남자는 예브게니 이바노비치에게 "자, 걸려들었다!"라고 외치면서 달려들었다.

Далее Вы должны высказать предположение, почему возникла такая ситуация. Например, Вы можете сказать, что, вероятно, мужчина из троллейбуса принял Евгения Ивановича за другого человека, скорее всего за преступника, потому что пришёл в детский сад с милиционером. Может быть, это произошло потому, что он увидел на фотографии в газете похожего на Евгения Ивановича человека.

이제 당신은 왜 그러한 상황이 일어났는지 이야기해야 합니다. 예를 들어, 당신은 «아마도 트롤리버스의 남자가 예브게니 이바노비치를 다른 사람으로, 십중팔구 범죄자로 생각했을 것 같다, 왜냐하면 경찰과 같이 유치원에 왔기 때문이다, 아마도 이 일은 그가 신문의 사진에서 예브게니 이바노비치와 닮은 사람을 보았기 때문인 듯하다» 등으로 답할 수 있습니다.

[어휘]

по-видимому ~인 듯 하다 / дворничиха 청소부 / вероятно 아마 / более того 게다가 / следом 추적하여 / неловко 마음이 거북한, 불편한 / преследователь 추적자 / основательно 근본적으로 / подкрепиться (먹고 마셔서) 원기를 복돋우다 / в сопровождении кого(2) ~을 동행하여 / принять кого за кого ~를 ~라고 생각하다 / скорее всего (십중팔구) ~인 것 같다.

[문제 5 (상황 14) 유의 사항]

- 여러분은 대화의 주도자입니다. 여러분의 과제는 제시된 의도에 맞게 대화 상대자에게 자세히 물어보는 것입니다.
- 시험 준비 시간: 3분
- 시험 시간: 5분 이내

문제 5 (상황 14). 당신은 신문에 있는 다음의 광고를 읽었습니다.

대형 가구 회사(15년간 판매를 하고 있는)에서 고객상담부장을 채용합니다.

자격: 30~50세, 고등교육자, 경력 2년 이상, 시장 지식, 높은 기획 능력, 심리학 지식, 스트레스에 강한 성격
더욱 자세한 정보는 아래의 전화번호로 받을 수 있습니다.
391-99-74, 391-98-33

당신은 이 광고에 관심을 갖게 되었습니다. 제시된 전화번호로 전화를 걸어 당신이 이 회사에 가볼 만한지 아닌지 결정하기 위한 모든 것에 대해서 가능한 한 자세하게 물어보세요.

[예시 답안]

- Алло! Здравствуйте! Я звоню по объявлению, которое прочитал в газете «Из рук в руки». Меня зовут Иван. Мне 31 год, я выпускник МГУ и у меня пятилетний опыт работы в крупной торговой компании. В настоящее время я ищу работу, поэтому меня заинтересовало ваше объявление. Я хотел бы задать несколько вопросов. Скажите пожалуйста, есть ли в вашей компании испытательный срок? Есть ли возможность карьерного роста? Какова стартовая заработная плата? Ваша компания работает с другими странами? Предполагаются ли заграничные командировки? Скажите пожалуйста, когда и куда я могу подъехать на собеседование?
....
Спасибо за информацию. До свидания

[해석]

여보세요! 안녕하세요! 신문 《손에서 손으로》에서 공고를 보고 전화 드립니다.
제 이름은 이반입니다. 31살입니다. 모스끄바국립대학교 졸업생이고 규모가 큰 무역회사에서 5년간 일한 경험이 있습니다. 현재 저는 구직 중입니다. 그래서 귀사의 공고에 관심을 갖게 되었습니다. 몇 가지 질문을 하고 싶습니다. 말씀해 주십시오.
당신의 회사에 인턴 기간이 있습니까? 승진 가능성이 있습니까? 처음 월급은 어느 정도입니까? 당신의 회사는 다른 나라들과 일하고 있습니까? 해외 출장도 예상됩니까? 말씀해 주십시오, 언제, 어디로 인터뷰를 하러 갈 수 있을까요?
....(상대방의 대답)
정보를 주셔서 감사합니다. 안녕히 계세요.

[어휘]

испытательный 실험의 / карьерный рост 승진 / стартовый 시작의 / заграничный 외국의 / командировка 출장 / предполагаться ~라고 예상되다 / собеседование 담화, 면접

[문제 6 (상황 15) 유의 사항]
- 여러분은 정해진 문제의 논의에 참여해야 합니다.
- 여러분의 대화 상대는 시험 감독관입니다.
- 여러분의 과제는 대화가 진행되는 동안 시험감독관의 말에 적절히 대응하면서 주어진 문제에 대한 자신의 견해를 표현하고 옹호하는 것입니다.
- 시험은 사전 준비 없이 진행됩니다.
- 시험 시간: 10분

문제 6 (상황 15). 시험 감독관에 의해 제시된 주제에 따라 대화에 참여하세요.

논의 중에 여러분이 해야 할 것은:
 – 자신의 의견을 말하기, 자신의 의견을 정확하게 하기
 – 견해를 증명하기
 – 예를 들기
 – 비교하기
 – 가정하기
 – 결론을 도출하기

Примите участие в беседе на одну из предложенных тем:
제시된 주제 중 하나로 대화에 참여하세요.
- **Проблемы экологии** (환경 문제)
- **Дружба в жизни человека** (사람의 인생에 있어서의 우정)

[예시 질문 및 예시 답안]

«Дружба в жизни человека»

ТЕСТОР: Что такое для вас дружба?
ТЕСТИРУЕМЫЙ: С моей точки зрения, дружба – это отношения между людьми. Искренние, честные, основанные на симпатии друг к дургу. Дружба часто базируется на общности интересов.

ТЕСТОР: Вы считаете, дружба важна в жизни человека? Если да, то почему?
ТЕСТИРУЕМЫЙ: Все люди разные. Для кого-то дружба важна, а кто-то может жить н а свете и не иметь друзей. Что касается меня, то для меня дружба одна из самых главных вещей в жизни. Мне важно чувствовать себя защищенным и уверенным. Дружба дает мне это чувство. Я не одинок в этом мире.

ТЕСТОР: Ну, а как вы думаете, может ли у человека быть много близких друзей?
ТЕСТИРУЕМЫЙ: А почему нет? В мире есть очень много добрых, отзывчивых, интересных людей. Может быть, кому-то посчастливилось, и он встретил много таких людей в своей жизни. У меня у самого есть 4 близких друга. Каждый из них мне очень дорог. Они замечательные, но абсолютно разные, я как-то пытался их всех перезнакомить, но у меня ничего не получилось.

ТЕСТОР: А как вы считаете, что надо делать для своих друзей?
ТЕСТИРУЕМЫЙ: Дружба для меня – это большая работа. Вообще, все отношения – это работа. Надо чтобы человек чувствовал, что о нём думают, он нужен и очень важен в вашей жизни. Большинство моих друзей это взрослые состоявшиеся люди, и им просто нужно дружеское плечо, понимание, поддержка. Но я готов на все ради близкого мне человека.

ТЕСТОР: А как насчёт дружеских отношений на работе?
ТЕСТИРУЕМЫЙ: Я только приветствую такую практику. Вообще, это потрясающая основа для отношений. Здесь есть всё: и общий интерес, и будущее, общие задачи, друзья и недруги. Работа делается в два раза быстрее, рабочее время летит незаметнее. Например, у меня есть подруга Инга, она работает в отделе продаж. Когда я готовлю отчёты, я часто беру информацию у неё, она хорошо владеет ситуацией, и поэтому, с её помощью я могу всё быстро решить. Вы можете подумать, что я её использую. Это не так. Мы – команда.

ТЕСТОР: А как вы считаете, существует ли дружба между мужчиной и женщиной?
ТЕСТИРУЕМЫЙ: Хм, это очень скользкая тема. С моей точки зрения, её нет. Дружба – это симпатия. Между мужчиной и женщиной всё очень хрупко. Кто-то из них всегда допускает мысль о большем, чем просто дружеские отношения. Мой опыт показывает, что хорошими друзьями становятся те, у кого есть общее любовное прошлое. Не знаю, я правильно выражаю свою мысль, или нет. Кстати, дружба – это тоже вариация на тему любви.

ТЕСТОР: А скажите, пожалуйста, возможна ли дружба между людьми разного социального положения.
ТЕСТИРУЕМЫЙ: Точно нет. Потому что это с одной стороны благотворительность, а с другой - откровенная зависть. Просто люди используют друг друга в своих интересах.

ТЕСТОР: Что вы имеете в виду?
ТЕСТИРУЕМЫЙ: Это же элементарно. Обеспеченный человек будет помогать бедному, чтобы казаться добрым и щедрым в своих глазах и глазах общественности. Бедный будет брать деньги, или всё что сможет, у богатого человека, потому что будет думать, что у него и так всего много, что надо делиться. Никто никуда никого не может пригласить, так как для одного это будет очень дорого, для другого ниже его достоинства и социального статуса. И, конечно, это ужасное чувство – зависть. «Чем я хуже, почему у него все, а у меня ничего?» и т.д.

ТЕСТОР: Что для вас значат слова «хороший друг»?
ТЕСТИРУЕМЫЙ: Для меня это человек, на которого я могу рассчитывать в любой ситуации, который чувствует моё настроение, понимает меня. Кстати, это моя мама. Мама – мой очень хороший друг. А ещё, это моя девушка.

ТЕСТОР: А как вы оцениваете себя, вы «хороший друг»?
ТЕСТИРУЕМЫЙ: Я? Самый лучший! Все мои друзья так говорят.

[해석]

- 당신에게 우정이란 무엇입니까?
- 제 생각에는, 우정은 사람들 사이의 관계입니다. 신의 있고 정직하며 서로에 대한 공감에 기반을 둔 관계입니다. 우정은 자주 공동의 관심사에 바탕을 두는 것 같습니다.

– 우정이 사람의 삶에서 중요하다고 생각합니까? 만일 그렇다면 이유가 무엇입니까?
– 사람은 모두 다양합니다. 누군가에게는 우정이 중요하고, 누군가는 친구 없이도 세상을 살 수 있을 것입니다. 제 경우에는 우정이 삶에서 가장 중요한 것들 중 하나입니다. 나는 보호받고 있고 신뢰받고 있다는 느낌이 중요합니다. 우정은 내게 이런 느낌을 줍니다. 이 세상에서 나는 혼자가 아니라는 것입니다.

– 그렇다면 당신이 생각하기에 사람이 많은 친구를 갖는다는 것이 가능합니까?
– 왜 안 되죠? 세상에는 선량하고, 동정심이 많고 재미있는 사람들이 아주 많습니다. 아마도 어떤 사람들은 운 좋게도 그런 사람들을 많이 만나겠지요. 저에게도 4명의 가까운 친구들이 있습니다. 그들 모두는 내게 매우 소중합니다. 그들은 굉장한 사람들이지만 매우 다른 사람들입니다. 저는 그들이 서로 친교를 맺게 하려고 했지만 좀처럼 되질 않았습니다.

– 자신의 친구들을 위해 무엇을 해야 한다고 생각합니까?
– 우정은 제게 있어 큰일입니다. 대체적으로 모든 관계에 노력이 필요합니다. 사람들로 하여금 그들에 대해 생각하고 있으며, 그들이 당신의 인생에서 꼭 필요하고 중요한 사람이라는 느낌을 갖게 해야 합니다. 제 친구들 대부분은 이미 성공한 성인들이고 그들에게는 친구의 우정, 이해, 지지가 필요할 뿐입니다. 하지만 저는 가까운 사람을 위해 모든 것을 할 준비가 되어 있습니다.

– 직장에서의 친분 관계는 어떻습니까?
– 저는 기꺼이 받아들일 겁니다. 대체적으로, 이것은 관계를 위한 훌륭한 바탕이라고 생각합니다. 여기엔 모든 게 있습니다: 공동의 관심사도, 미래도, 공동의 과제도, 친구와 적도. 일은 두 배나 빨리 진행될 것이고 근무시간은 빠르게 지나갈 겁니다. 예를 들어, 제 친구 중에 인가라는 친구가 있는데, 그녀는 판매부에서 일합니다. 보고서를 준비할 때 저는 자주 그녀에게서 정보를 얻습니다. 그녀는 항상 상황을 잘 파악하고 있어서 그녀의 도움으로 저는 매우 빠르게 일을 해결할 수 있습니다. 당신은 내가 그녀를 이용한다고 생각할 수도 있지만 그렇지 않습니다. 우리는 팀입니다.

– 남녀 간에도 우정이 존재한다고 생각합니까?
– 어려운 주제입니다. 제 생각에는 없는 것 같습니다. 우정은 공감입니다. 그런데 남녀 간에는 모든 것이 매우 조심스럽습니다. 그들 중 누군가는 항상 단순한 친구 관계 이상의 것을 생각합니다. 제 경험상 연애 경험이 있는 사람들이 좋은 친구가 되는 것 같습니다. 제 생각을 제대로 표현하는 건지 모르겠습니다. 그리고 또 우정은 사랑의 또 다른 모습인 것 같습니다.

– 각기 다른 사회적 지휘를 가진 사람들 간의 우정이 가능하다고 생각합니까?
– 절대로 불가능하다고 생각합니다. 왜냐하면 그건 한쪽에는 자선이고, 다른 한쪽에는 명백한 질투일 것이기 때문입니다. 단순히 자신의 이익에 따라 서로를 이용하는 것뿐입니다.

– 무엇을 염두에 둔 생각입니까?
– 매우 기본적인 것입니다. 풍족한 사람은 자신과 사회의 눈에 선하고 대범한 사람으로 보이기 위해 가난한 사람을 도와줄 것입니다. 그리고 가난한 사람은 부자로부터 돈이나 모든 것을 받으려고 할 것입니다. 부자는 모든 것을 많이 가지고 있으니 나눠야 한다고 생각할 것이기 때문입니다. 서로가 그 어디로도 서로를 초대할 수도 없을 겁니다. (그런 자리가) 한 사람에게는 너무 비쌀 것이고, 다른 사람에게는 자신의 사회적 지위와 격에 맞지 않는다고 여겨질 것이기 때문입니다. 그리고 또 끔찍한 감정인 질투라는 것도 생길 것입니다. '내가 뭐가 부족하지? 왜 저 사람에게는 모든 게 있고 내게는 아무 것도 없지?' 등등 말입니다.

- 당신에게 '좋은 친구'란 어떤 것입니까?
- 제게 있어 좋은 친구란 어떤 상황에서도 의지할 수 있고, 내 감정을 공감하며, 나를 이해하는 사람입니다. 사실 제 어머니가 그렇습니다. 어머니는 정말 좋은 친구입니다. 그리고 또 제가 사랑하는 사람이기도 합니다.

- 당신 자신은 '좋은 친구'라고 생각합니까?
- 저요? 가장 좋은 친구입니다! 제 친구들이 모두 그렇게 말합니다.

Типовой тест по русскому языку как иностранному • II

СУБТЕСТ 1. ЛЕКСИКА.ГРАММАТИКА
РАБОЧАЯ МАТРИЦА

Имя, фамилия _____ **Страна** _____ **Дата** _____

МАТРИЦА NO.1

1	А	Б	В	Г
2	А	Б	В	Г
3	А	Б	В	Г
4	А	Б	В	Г
5	А	Б	В	Г
6	А	Б	В	Г
7	А	Б	В	Г
8	А	Б	В	Г
9	А	Б	В	Г
10	А	Б	В	Г
11	А	Б	В	Г
12	А	Б	В	Г
13	А	Б	В	Г
14	А	Б	В	Г
15	А	Б	В	Г
16	А	Б	В	Г
17	А	Б	В	Г
18	А	Б	В	Г
19	А	Б	В	Г
20	А	Б	В	Г

МАТРИЦА NO. 2

21	А	Б	В	Г
22	А	Б	В	Г
23	А	Б	В	Г
24	А	Б	В	Г
25	А	Б	В	Г
26	А	Б	В	Г
27	А	Б	В	Г
28	А	Б	В	Г
29	А	Б	В	Г
30	А	Б	В	Г
31	А	Б	В	Г
32	А	Б	В	Г
33	А	Б	В	Г
34	А	Б	В	Г
35	А	Б	В	Г
36	А	Б	В	Г
37	А	Б	В	Г
38	А	Б	В	Г
39	А	Б	В	Г
40	А	Б	В	Г

절취선을 따라 잘라서 사용하세요

답안지

МАТРИЦА NO.3

41	А	Б	В	Г
42	А	Б	В	Г
43	А	Б	В	Г
44	А	Б	В	Г
45	А	Б	В	Г
46	А	Б	В	Г
47	А	Б	В	Г
48	А	Б	В	Г
49	А	Б	В	Г
50	А	Б	В	Г
51	А	Б	В	Г
52	А	Б	В	Г
53	А	Б	В	Г
54	А	Б	В	Г
55	А	Б	В	Г
56	А	Б	В	Г
57	А	Б	В	Г
58	А	Б	В	Г
59	А	Б	В	Г
60	А	Б	В	Г
61	А	Б	В	Г
62	А	Б	В	Г
63	А	Б	В	Г
64	А	Б	В	Г
65	А	Б	В	Г

МАТРИЦА NO.4

66	А	Б	В	Г
67	А	Б	В	Г
68	А	Б	В	Г
69	А	Б	В	Г
70	А	Б	В	Г
71	А	Б	В	Г
72	А	Б	В	Г
73	А	Б	В	Г
74	А	Б	В	Г
75	А	Б	В	Г
76	А	Б	В	Г
77	А	Б	В	Г
78	А	Б	В	Г
79	А	Б	В	Г
80	А	Б	В	Г
81	А	Б	В	Г
82	А	Б	В	Г
83	А	Б		
84	А	Б		
85	А	Б		
86	А	Б		
87	А	Б		
88	А	Б		
89	А	Б		
90	А	Б		

МАТРИЦА NO.5

91	А	Б		
92	А	Б		
93	А	Б		
94	А	Б	В	Г
95	А	Б	В	Г
96	А	Б	В	Г
97	А	Б	В	Г
98	А	Б	В	Г
99	А	Б	В	Г
100	А	Б	В	Г
101	А	Б	В	Г
102	А	Б	В	Г
103	А	Б	В	Г
104	А	Б	В	Г
105	А	Б	В	Г
106	А	Б	В	Г
107	А	Б		
108	А	Б		
109	А	Б	В	Г
110	А	Б	В	Г
111	А	Б	В	Г
112	А	Б	В	Г
113	А	Б	В	Г
114	А	Б	В	Г
115	А	Б	В	Г

МАТРИЦА NO.6

116	А	Б	В	Г
117	А	Б	В	Г
118	А	Б	В	Г
119	А	Б	В	Г
120	А	Б	В	Г
121	А	Б	В	Г
122	А	Б	В	Г
123	А	Б	В	Г
124	А	Б	В	Г
125	А	Б	В	Г
126	А	Б	В	Г
127	А	Б	В	Г
128	А	Б	В	Г
129	А	Б	В	Г
130	А	Б	В	Г
131	А	Б	В	Г
132	А	Б	В	Г
133	А	Б	В	Г
134	А	Б	В	Г
135	А	Б	В	Г
136	А	Б	В	Г
137	А	Б	В	Г
138	А	Б	В	Г
139	А	Б	В	Г
140	А	Б	В	Г

МАТРИЦА NO.7

141	А	Б	В	Г
142	А	Б	В	Г
143	А	Б	В	Г
144	А	Б	В	Г
145	А	Б	В	Г
146	А	Б	В	Г
147	А	Б	В	Г
148	А	Б	В	Г
149	А	Б	В	Г
150	А	Б	В	Г

Типовой тест по русскому языку как иностранному • II

СУБТЕСТ 2. ЧТЕНИЕ
РАБОЧАЯ МАТРИЦА

Имя, фамилия_____ Страна_____ Дата _____

1	А	Б	В
2	А	Б	В
3	А	Б	В
4	А	Б	В
5	А	Б	В
6	А	Б	В
7	А	Б	В
8	А	Б	В
9	А	Б	В
10	А	Б	В
11	А	Б	В
12	А	Б	В
13	А	Б	В
14	А	Б	В
15	А	Б	В
16	А	Б	В
17	А	Б	В
18	А	Б	В
19	А	Б	В
20	А	Б	В
21	А	Б	В
22	А	Б	В
23	А	Б	В
24	А	Б	В
25	А	Б	В

Типовой тест по русскому языку как иностранному • II

СУБТЕСТ 3. АУДИРОВАНИЕ
РАБОЧАЯ МАТРИЦА

Имя, фамилия_____ Страна_____ Дата _____

1	А	Б	В
2	А	Б	В
3	А	Б	В
4	А	Б	В
5	А	Б	В
6	А	Б	В
7	А	Б	В
8	А	Б	В
9	А	Б	В
10	А	Б	В
11	А	Б	В
12	А	Б	В
13	А	Б	В
14	А	Б	В
15	А	Б	В
16	А	Б	В
17	А	Б	В
18	А	Б	В
19	А	Б	В
20	А	Б	В
21	А	Б	В
22	А	Б	В
23	А	Б	В
24	А	Б	В
25	А	Б	В

러시아어 단계별 종합 교재 시리즈

러시아로 가는 길 시리즈 (청취 CD별매)
단계별 시리즈: 1단계, 2단계, 3단계, 4단계

- 1단계-처음 시작하시는 분 또는 기초 문법과 표현 정리가 안되시는 분
  TORFL 기초단계에 부합하는 영역들로 구성
- 2단계-초중급 문법과 어휘력 향상이 필요하신 분
  TORFL 기본단계에 부합하는 영역들로 구성
- 3단계-1년 이상 배우신 분, 기본적인 원서 독해가 가능하신 분
  TORFL 1단계에 부합하는 영역들로 구성
- 4단계-중고급 문법과 어휘력 향상이 필요하신 분
  TORFL 2단계에 부합하는 영역들로 구성

문법과 회화를 동시에 습득할 수 있는 단계별 종합 교재로 '러시아어 능력 인증시험 토르플(TORFL)'의 시험 단계인 문법, 회화, 읽기, 쓰기의 다양한 영역을 준비할 수 있습니다.

러시아어 인텐시브 회화 시리즈 (청취 CD포함)
단계별 시리즈: 1단계, 2단계, 3단계, 4단계

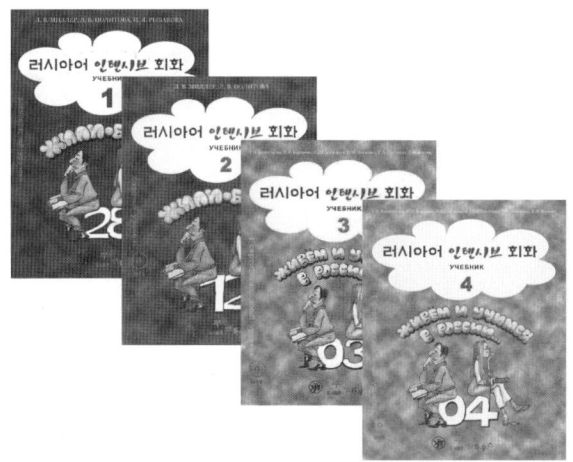

인텐시브 회화 1단계, 2단계는 오디오 자료를 뿌쉬낀하우스 홈페이지, 출판센터 자료실에서 다운로드할 수 있습니다.
3단계, 4단계 도서에는 CD가 포함되어 있습니다.

단계별로 구성되어 있는 회화 교재를 통해 다양한 표현들을 익혀 창조적인 의사소통이 가능하도록 도와줍니다. 다양한 주제와 문화에 관한 텍스트를 통해 러시아 문화에 대한 이해의 폭을 넓히고, 동시에 실생활에서 사용되는 러시아어의 여러 문제를 익힐 수 있습니다.

러시아 교육문화센터
뿌쉬낀하우스

교육센터 / 문화센터 / 출판센터
Tel. 02)2237-9387   Fax. 02)2238-9388
http://www.pushkinhouse.co.kr